憲法9条
心さわぐ

護憲派が
問われている

大塚茂樹
Shigeki Ohtsuka

花伝社

心さわぐ憲法9条——護憲派が問われている◆目次

プロローグ　安倍首相の改憲構想にどう向き合うのか

悲観せずに視点を変えてみると

憲法改正に強い情熱を持つ安倍政権は、二〇一七年一〇月の衆院選挙で自民・公明両党で三分の二の議席を獲得しました。希望の党と日本維新の会も含めて、衆院では改憲賛成派が八割を超えている現状です。二〇一八年の通常国会での改憲発議が現実味を帯びる中で、憲法九条を守ることは可能でしょうか。ついに自衛官が続々と戦死する社会になるのでしょうか。

だが悲愴感を強める前に、まず視点を変えてみましょう。全く思いがけない話題を通じて、憲法をみつめてみたいのです。

まず野菜や汁物からゆっくりと味わい、魚や肉なども しっかり噛んで、ご飯は最後に食べるのが理想的な食べ方。この順番を守ると血糖値が上がりにくく満腹感を高めるので、長期的にはダイエットにもつながる。最近この知識が人口に膾炙《かいしゃ》するようになりました。

人一倍食いしん坊である者から見ても、グルメ情報まで含めた食文化、痩身術を初めとする健康法への際限なき情熱が世間に満ちていること、多くの市民がその情報にきわめて敏感であることを感じます。一方で大量に廃棄される食料品があり、生活苦で三食食べられない家庭を忘れてはいけませんが、豊富な食材が全国の食料品店やスーパーにあふれています。

一九四六（昭和二一）年の戦後第一回のメーデー。会場には「憲法よりメシだ」というプラカードが掲げられていました。新しく制定される憲法よりはまず食べることが死活問題だという、食糧危機に直面した民衆の叫びでした。だがこのスローガンは七〇年後の飽食さえ可能な現在まで見越した憲法への警句だったのではないか。そう思うことがあります。もちろん憲法への関心を抱く人たちは現在も広範に存在しています。しかし健康と体型と美貌、何よりも食べることへの強い関心には遠く及びません。憲法は衣食住ほどの切実さは持ち得ない。市民が主体的に向き合うのは、それなりの覚悟を要するからです。

私は出版社で編集者を長年務める中で、憲法と平和についての本も数多く担当してきました。退職後の数年間もこれらの主題について改めて学んできました。日本国憲法が変えられることへの危機感もその動機でした。戦火や苦難が続く南スーダンやシリアなどの現実を憂慮し、二〇一五年の安保法制に反対する運動の高揚には勇気づけられました。

一年ほど前に「憲法ダイエット」というプランを、冗談半分で思いつきました。太めの体型に悩んでいる事情もあります。もし日本国憲法が直面する深刻な状況と世界の危機を学べば、食欲が制御できるかもしれない。憲法に真剣に向き合い、適度な運動も踏まえればダイエットにつながる。それを自ら実践してみようと思い立ちました。もしこの試みが成功するならば、ごく普通の市民が憲法に関心を持っていく新たなルートが開拓されると夢見たのです。

当初は順調で体重も減りました。九条を改正すべきという提案は今や右派のみならず、立憲主義を希求する知識人や平和構築の第一人者からも突きつけられています。その著書に立ち向かうだけで発汗しました。食料や水が欠乏している世界の貧困の現実を知れば、慎ましい生活を志向せざるをえません。だが一年以上経って、結果的に体重は戻ってしまったのですね。恥ずかしさで痩せ細る思いです。この体型では人前に出られません。

ただこのダイエットの考案自体は否定すべきことではないと思います。市民と憲法との距離を埋める。市民が自発的に憲法に向き合っていく。それを模索せずに、安倍政権の改憲を止めることはできないからです。

改憲を止めるエネルギーをどう見出すか

まずは憲法九条をめぐるこの間の状況を確認します。二〇一七年七月の東京都議選で惨敗しても、安倍首相は憲法改正という悲願を断念しませんでした。北朝鮮危機に乗じて臨時国会の冒頭解散という身勝手な奇手、大義なき自己都合解散を選びましたが、自民党選挙公約には憲法改正が堂々と掲げられていました。自衛隊の明記、教育の無償化・充実強化、緊急事態対応、参議院の合区解消という四項目を中心に改憲をめざすと書かれています。

そもそも同年五月三日の「二〇二〇年を新しい憲法が施行される年にしたい」という「美しい日本の憲法をつくる国民の会」の集会での首相メッセージで、状況が動きました。改憲項目として、新たに憲法九条の第三項として自衛隊の存在を明記した条文を追加すること、高等教育の無償化を定めた条文の新設を掲げました。任期中の改憲をめざし、公明党や日本維新の会も賛成できる方向を示したことは明らかでした。

だが足元の自民党内から異議が表明されました。自民党改憲草案や憲法審査会での議論を無視した発言だったからです。石破茂氏も九条三項について、党内でこのような角度からの話は「一度も出てきたことがない」と直後にテレビ各局で違和感を表明しました。党内や立法府内での議論と異なる内容を、ビデオメッセージや同日に掲載された読売新聞のインタビューで発表したことへの反発は当然でした。

憲法遵守義務を持つ行政府の長が、時期を明示して改憲を呼びかけるのは甚だしい越権行為です。東京オリンピックの年に新憲法施行をめざすことは、憲法改正を実現した初の宰相として歴史に名前を刻むという野望でしょう。その情熱はすさまじいものです。

この数年、改憲問題に向き合ってきた人たちは緊急事態条項への危機感を強めていました。自民党改憲草案への批判が急務でした。安倍改憲メッセージは、自民党改憲草案は棚上げして、九条に三項等を加えるというポイントに絞り込んできています。ただ緊急事態条項は今も企まれており、改憲草案がすべて葬り去られたわけではありません。

安倍首相は自衛隊の存在を明記するのが九条三項だという趣旨を述べています。九条一項、二項は維持するというのです。国民の九割は自衛隊を支持する現状があるので、大きな変更ではないという印象も世論の一部には存在しています。

この点こそ改憲構想のポイントです。いかに市民に説明していくかが問われています。安倍氏のねらいは、九条を守ろうという世論を分断すること。敢えて一見マイルドな装いで改憲のイメージを提起しています。たしかに自民党改憲草案は、九条二項を全面的に改正して自衛隊を国防軍にする内容なので、危険性はより明らかでした。それに比較すれば、九条三項等での自衛隊明記は穏和な改正案のようにも思えます。加憲という方向性は、公明党がかねてから提起してきたことでもあります。この提案で護憲派の市民を迷わせる。とりわけ安倍政権に対峙する野党共闘を分断するという意識的な戦略です。

この構想は安倍首相が独力で発案した訳ではありません。日本会議のイデオローグである伊藤哲夫氏らの論考が基ではないかと、改憲メッセージ発表直後に指摘されています。伊藤氏らの論考が首相に影響を与えているはずです。ただ九条に自衛隊を書き加えるという案で進むという心証がいかに形成されたのかは、現時点ではまだ全面的には解明されていません（全体像を知る上で、渡辺治「安倍首相の改憲発言――そのねらいと危険性」『安倍9条改憲は戦争への道』九条の会ブックレット）。

伊藤氏らの論考は冷静な認識を示しています。右派勢力の年来の改憲案を封じ込めても、まず反対しづらい九条三項から憲法改正の一歩を踏み出す。ここを突破口にして、改憲を社会が受け入れていくという現実的なコースを選択しているのです。その現状認識がかなり的確であることは、以下の一節にも示されています。

「残念ながら、今日の国民世論の現状は、冒頭でも触れたごとく『戦後レジームからの脱却』といった文脈での改憲を支持していない。にもかかわらず、ここであえて強引にこの路線を貫こうとするならば、改憲陣営の分裂を招くことは必定、本来ならバラバラであるはずの、憲法を漠然と『普遍の原理』視する一般国民を逆に護憲陣営に丸ごと追いやることにもなりかねないといってよい。とすれば、ここは一歩退き、現行の憲法の規定は当面認めた上で、その補完に出るのが賢明なのではないか」（伊藤哲夫「『三分の二』獲得後の改憲戦略」『明日への選択』二〇一六年九月号）

さて安倍改憲構想に対して、護憲派から多くの反論が寄せられています。唐突な改憲メッセージ自体に疑義があることは「入口」の問題ではなく、本質的なテーマです。

九条三項で自衛隊を明記する点については、安保法制が施行されている現状での自衛隊を明記するのはきわめて危険だ。三項の追加は実質的に二項の機能停止を意味しており、自衛隊の海外派兵を恒常化するのが目的だという批判が強く提起されています。

五月三日の直後の世論調査では、九条三項を支持する人がやや多数でした。だが現在は安倍政権での九条改憲について反対がやや多数になっています。攻防は激しさを増していきます。公明党は九条改憲には警戒心を隠していませんが、改憲への動きが中断されることはありえません。自民党案を早期に確定し、二〇一八年の通常国会で発議される危険性が高まりつつあります。この改憲問題が、二〇一八年における日本社会最大のテーマといえます。

さて九条に自衛隊を明記する提案への批判として、現在提起されている議論は次のものです。三項などの追加は単なる加憲ではなく、実質的に二項の機能停止を意味しており、自衛隊の海外派兵を恒常化するのが目的。自衛官が戦死に追い込まれる三項などの新設には反対という批判です。憲法のプロフェッショナルとして専門知を持つ人たちの議論は、正確な批判です(包括的な論考に、山内敏弘「『安倍九条改憲』論の批判的検討」『法と民主主義』二〇一七年八・九月号)。

しかし市民の一人としては以下の点が心配です。憲法論として的確な議論が一般市民に届くか。人々の心を揺さぶる魅力を持っているか。中間派として護憲と改憲の間で揺れ動いている人たちを説得できるか。

これらの点を考えるならば、安倍改憲構想への批判を法律家の先生方に全面的にお任せするのではなく、市民としての主体的なとりくみも求められています。専門家の主張を咀嚼《そしゃく》した上で、いかなる問題意識と話法で改憲をストップしていくかを市民自身が見出していきたい。タイムスケジュールが明示されており、急ぐ必要があります。

この点で、九条を守る運動で奮闘しようという人が読むべきは、高田健氏（総がかり行動実行委員会）の論考です（一例として「安倍9条改憲を止めるために全力をあげよう」二〇一七年八月二五日号、許すな！　憲法改悪・市民連絡会のホームページの「私と憲法」で連載）。九条改憲阻止のために何をなすべきかが説得的にまとめられています。本書は改憲阻止の最前線で闘う人たちへのメッセージとは、アプローチが異なってくることをご了解ください。

現時点では九条の三項という形になるか、従来の九条の後に新たに「九条の二」という項を立てて、自衛隊を規定していくのかはまだ決定されていません。後者の可能性が強いようです。まだ成り行きを見守っている世論も存在しています。日本会議のイデオローグ・伊藤哲夫氏らの論考が一見抑制的なものであることが事態を見えにくくしています。

敢えて挑発的な問題提起をすれば、ここで広範な護憲派市民が眼をさまさなければ、九条に自衛隊を明記するという悩ましいプランを提示してくれた伊藤哲夫氏らと安倍首相の決断に報いられません。その構想が巧妙で「意義」を持っていることを確認しましょう。それを反転させて勝利への展望を開くことが、護憲派に求められています。このようなアプローチはまだ誰も示していません。それがいかなる「秘策」であるかは、後半部分で読んでいただきます。

さまざまな可能性は想定する必要があります。安倍改憲構想に負けないためには、安倍政権への批判が求められるのは当然です。その声で政権を包囲して、国会での発議を断念させる道が最短コースです。ただ発議・国民投票の可能性は排除できず、広範な中間派と安倍政権の支持者までをしっかりと視野に収めていくことが強く求められています。

憲法に引きつければ、「日本国憲法は希望。九条を守りたい」という市民は今後も重要な役割を担います。だがその層だけの運動であれば、その外にいる膨大な市民の共感を引き出せない危険性も持っている。国民投票での勝利は危うくなってしまいます。

頭がねじれるような複雑な局面が続く。だからこそ、広範な市民が共同して九条改憲を止める道を見出していきたい。市民の共感力を高めていきたいものです。もちろん安倍首相に改憲を叫ぶ資格があるのかという批判が正論です。その上で敢えて刺激的な発想も模索したい。未来からの声、改憲を阻止した何年も先の時空から以下の言葉が聞こえてきませんか。

「安倍首相、九条三項を構想してくれた伊藤哲夫さんたち、負けなかったぞ！　あなた方の改憲構想と対決することで、護憲派は新たな知恵とエネルギーを出し、多くの人たちが共同して難局を乗りこえられた」。

実際、後年にそんな回想ができるような、攻勢的な姿勢が今から求められているのではないでしょうか。敢えて相手の「賢さ」を讃えて、その土俵の上に乗った上で新たな陣地を切り開いていく。そんな道を開拓していきたいものです。

安倍政権下での九条改憲を阻むために、あらゆる立場の人たちが共同したい。「憲法は希望。九条は理想」と考える人、迷っている人、九条への批判を持っている人。その人たちすべてに届く問題意識を探せないでしょうか。本書ではその難題に敢えて挑戦してみたいのです。

一つの歌が九条と護憲派を照らし出す

昨年末から「憲法ダイエット」にとりくみつつ、憲法九条や護憲派を主題に原稿を書き始めていました。素人の分際で畏れ多いこと。法律家も研究者もジャーナリストも運動家もプロフェッショナルとして探求してきた主題です。だが一般市民には憲法が縁遠く、九条も悩ましい存在だと熟知しているアマチュアとして、描ける世界があると思いました。

以下の点を重視しています。第一に、九条を尊く理想的だと思う人たち、異論や疑念を感じ続けている人たち。その双方を意識し続けたい。第二に、九条を論じる上では、憲法だけに注目するのではなく、戦後日本という体制をもう一度見直してみたいという点です。

私の背中を押してくれる一つの歌があります。四〇年前に出会った「心さわぐ青春の歌」というロシア民謡です。この歌にも言及しておきましょう。

一九七七年七月、新宿の「ともしび」という歌声喫茶を学生だった私は友人たちと訪れていました。そこでメロディーが魅惑的なこの歌に出会いました。当時学んでいたロシア語は難解で閉口していましたが、ロシア民謡は嫌いではなかったのです。

この歌を歌いながら、ソ連への複雑な思いが頭をよぎったことを覚えています。ロシア革命以降の現代史に関心を持つ者として、ソ連社会主義を賛美する立場ではありません。にもかかわらずオシャーニン作詞・バフムトーヴァ作曲のこの曲には魅かれてしまいました。

インターネットでロシア語での素敵な歌唱も聞くこともできます。歌詞は何通りかありますが、よく知られているのが次の歌詞。冒頭部分だけ紹介します（訳詞・園部四郎）。

われらの思いは　それはただひとつ
なつかしき祖国　とわに栄えよ
雪や風　星も飛べば
わが心は　はや遠き地に

昨年久方ぶりにこの歌を聴いた時に、長らく誤解していたことを自覚しました。「心さわぐ」を躍動や高揚に近い語感だと思ってきたのです。広辞苑には、胸騒ぎがする、不安を感じるという意味が記されています。だが大いなる勘違いとまでは言えない。

青春期を初めとして人生の折々において、高揚や躍動と不安と失意は紙一重です。このタイトルはいい得て妙であることに納得しました。はたと気がつきました。

《「心さわぐ」ということばは使える。この語で九条をみつめていける。》

この曲を知らない人も多いでしょうが、タイトルこそが問題です。この語を意識すれば、憲法九条の現在が照らし出されます。

まず第一に、だれと対話していくかが問われます。もちろん九条に接して「心やすらぎ」「心ときめく」人たちはかけがえのない存在です。しかしその人たちだけで九条を守れません。九条に対して「心穏やかでない」「心さわぐ」人たちにも訴えたい。その人たちと「心つなぐ」運動が必要です。九条への違和感や不審を切り捨てないことは本書にも問われています。

第二に、九条を守ろうという運動の現在をこの言葉は照らし出します。二〇一五年の安保法制への反対運動の高まりは、立憲主義を守れという共同へと発展しました。戦後史でも格別の意味を持っていました。

だが憲法を守ろうという運動は順風満帆ではなく、困難は今後も続くでしょう。九条に自衛隊を明記する案は「心さわぐ」存在です。九条の窮状をこの言葉で表現することもできます。

第三に、広い視野で「心さわぐ」という言葉を見つめたいものです。九条改正をめざす安倍首相がたえず迎合するアメリカの首脳は日本のさらなる軍事的貢献を求めています。彼らにとっても九条を守ろうという人びとは目ざわりで「心さわぐ」存在でしょう。

一方、九条が世界でどう見られているのかも熟考が求められています。国内だけを見ていては、視野狭窄《きょうさく》になってしまいます。

「心さわぐ九条」という問題意識に立っている書物は、きわめて稀少価値を持っています。改憲派のねらいを徹底的に批判して、九条の理想と九条を守り続ける意味を確認するのが護憲派の多くの書物でした。しかし本書は敢えてそのルートではなく、別の道で九条を考える旅に出発します。修験道の荒行ではなくても、息が乱れるような上り坂を進みます。これまでの常識や通念を疑いながら、何が本当なのかを見きわめていきたい。知識の多寡が問われているのではありません。思考のレッスンにともに挑戦していきたいと思うのです。

次のような行程をたどります。第一章では、護憲派とは案外バラバラではないかという問いに向きあいます。第二章では、日本国憲法と九条について今なお盲点が多いのではないかという問題提起に応えます。第三章では、九条を守っていれば日本は平和だという主張について、批判的に検討します。第四章では、九条改憲論にも傾聴すべき主張があるはずという問題意識で執筆します。以上の点は、護憲派自身の難問に対決するという問題意識を持っています。

さらに第五章、第六章では九条に不安を感じる人とどう語りあえるのか。安倍首相の改憲構想にいかなる視点で対決していくかを考察します。エピローグでは、多くの安倍政権批判とは全く異質の角度から安倍政権を再考します。本書を通じて、未知の風景と出会い、護憲派自身の可能性に新たな問題意識を持っていただければ幸いです。

しかし一方では、本書の構成に困惑する人もいるでしょう。書名を見ただけで、護憲派を悩ませる内容だ。安倍政権への渾身の怒りを示すべき時に無用な混乱を持ち込むなと、早とちりをする人も皆無ではないでしょう。でもその誤解は必ず解けることを信じています。

なお護憲が古めかしい語であることは自覚しています。活憲や論憲や選憲という語を選ぶ方もいます。本書も単なる護憲という立場では全くありません。問題意識としては、旧来の護憲派対改憲派という構図だけにしばられないことを心がけていきたいと思います。

私は九条を守りたいという一人。ただ護憲派の最もポピュラーな意見とは以下の点で異質だろうと思っています。

憲法九条が人類の英知の結晶であることを強調する立場ではありません。その理想が世界の現実を変えることに楽観的ではありません。「心さわぐ」存在として九条をみつめています。また憲法だけでなく、安保条約・沖縄・天皇制などの問題を考えなければ、九条や平和主義を理解できないとの立場です。九条を守るだけでは平和を実現できない。でも九条を守りたい。悩める護憲派の一人として、必死で書き上げたのが本書です。ぜひ最後まで読んでいただき、厳しい批判をお寄せいただければ幸いです。

第一章　一人ひとりの憲法と九条へのまなざしは異なっている

「護憲派って実は曖昧で、いい加減な人たちです」と書くと、多くの護憲派市民は怒ります。言葉は厳密に使わなければいけません。でも多様性を持っている、その意見は分岐しているとの表現ならば的外れではありません。これらは護憲派の弱さでしょうか。それが強さにもなりうるように思うのです。

立憲主義というキーワード

二〇一六年一〇月、神奈川県のある市が主催する憲法を学ぶ教室では、Aさんという女性弁護士の講演が予定されていました。素敵な若手弁護士であるという話を知人からも聞いていたので拝聴しようと思いました。

会場に着くと驚きました。やむをえない事情があって、別の講師が来られることになったそうです。この代役の方が、Bさんという女性弁護士。麗しく清新な方で、実に明晰な話をしました。聡明な女性弁護士を前にして冷静さを失っていたのか。質疑応答で挙手してしまいました。講演の中で、立憲主義に言及し、権力をしばる存在として憲法を位置づけた上で、国民は憲法を守らなくてもよいという趣旨を述べた点に疑問を述べたのです。

やや緊張気味でストレートな言葉を発してしまいました。なおこの時点で、憲法九九条の存在を百も承知した上での質問であったことは付記しておきます。

「それは言い過ぎではないでしょうか」

少し強い口調になってしまいました。市民も憲法を守ってきたと述べたかったのです。

B弁護士の表情が一瞬険しくなった気もしましたが、思いすごしでしょう。素人にありがちな質問だと思ったかもしれません。

この間の安保法制（戦争法）反対運動や自民党改憲草案を学ぶ場で、憲法学者や弁護士が先頭に立っていることに敬意を表してきました。しかし何人もの法律家が「国民は憲法を守らなくて良い」という趣旨を述べていることについては、以前から気にかかっていました。

「憲法は権力を縛るために存在している」という立論は正しく、そこから「国民を縛るために存在しているのではない」という主張が導き出されるのですが、国民は憲法を守らなくてよいと言われると複雑な思いを持ってしまいます。

たとえば内山奈月・南野森『憲法主義』（PHP研究所）は評判の一冊でした。元AKB48の内山さんが憲法を暗記していて、聡明であることも驚きでした。

同書八八頁で、内山さんが国民は憲法を守らなくて良いのかと尋ねると、南野氏が「守らなくていいのです。憲法を守らなければいけないのは国家権力です。われわれ一般人、国民は法律を守らなければいけないのです」と答えています。

「えっ、本当にそこまで言っちゃうの」

初心者が手に取れる良い本ですが、この個所については驚きました。

本当にそうだろうか。国民自身が憲法を守ろうと努力して、一歩ずつ憲法の理念が社会に定着してきたはずなのだが。私は素朴な疑問を感じたのです。

その上で、大別すれば以下の二つの考え方が共存していることがわかりました。

①憲法とは権力者を縛るものとして存在している。憲法を守らなければならないのは政府であって、国民に憲法を守らせるというのは間違っている。国民は憲法を守らなくてよい。

②憲法をくらしに活かそうと、市民が憲法を尊重することで日本社会に憲法は定着してきた。改憲の企みが何度もなされてきたが、広範な市民が起ち上がって阻止することができた。

先回りするならば、人権論において国民を一括りにして、権力者との対抗関係でとらえる視角については、疑問も存在しています。それでも現時点で①の理解は標準的でしょう。先述した憲法九九条は公務員などの憲法遵守義務を規定していても、国民の遵守義務はない。その意味を確認するべきでしょう。ところが自民党改憲草案では、国民に憲法を守らせようとしていました。憲法で国民を縛ろうと目論んでいました。このことへの危機感から、「憲法を守らなければならないのは政府。国民は守らなくて良い」という発言も立憲主義を広めようという立場からより強められてきたといえます。

しかし国民は憲法を守らなくて良いとまで言われると、少し寂しさを感じる人が②の立場には存在しています。

私も②の立場でした。七〇年代後半の学生時代から、現憲法の価値を尊重したいと思ってきました。学友の間では昭和天皇の戦争責任を免罪しただけにすぎないとか、アメリカに押しつけられた憲法であるとか、左右両派からの酷評がありました。でも守るべき価値も持っているし、大日本帝国憲法よりはるかに素晴らしいと思いました。憲法の理念を生活の場で活かすという問題意識も当然だと思いました。立憲主義の価値を強く意識したのは近年ですが、国民は憲法を守らなくてよいとは思っていません。

国民は憲法を守らなくて良いか

この①と②が必ず全面的に対立する訳ではありません。①の立場を取りつつ、②をも理解する人がいるでしょう。しかし二つの立場は異質ですし、興味深い議論もなされています。

たとえば伊藤真氏（弁護士）、水島朝穂氏（早稲田大学教授）という護憲派のエース格のお二人が、期せずして①への理解がまだ十分ではないと所感を表明しています。

伊藤氏は「国民は憲法を守らなくて良いのです」と講演で触れると、聴衆はポカンとしたり、怪訝な表情をしたりしていると述べています。

水島氏は、立憲主義の観点が弱いと『あたらしい憲法のはなし』に批判的に言及しています。同書を過大評価し、「護憲のバイブル」としてきたことは立憲主義が普及してこなかった一因ではないか。護憲派の聴衆にこの話題を語ったら、場内は一瞬凍り付いたように感じたというエピソードをホームページで紹介しています（二〇一三年六月三日）。

さらに興味深いことに、憲法研究者の高見勝利氏（上智大学名誉教授）は岩波現代文庫版の『あたらしい憲法のはなし　他二篇』の解説で同書に「『立憲主義』の視点が欠けているとの批判は望蜀《ぼうしょく》」に他ならないと言及しています。無い物ねだりとの評価でしょう。このように専門家の間でも異なる認識が存在しています。

立憲主義は現代のキーワード。安倍内閣の暴走に抵抗する人々の拠り所です。だがこの語への異なる理解が併存しています。

伊藤氏は立憲主義に対する理解が深まらない一因として、同和問題や被爆体験などの人権・平和教育を通じて、いわば弱者の人権として憲法に出会う教育が行われてきたことに着目しています（『憲法問題』PHP研究所）。余談ですが、この二つの主題に関わる著作を持っている私は、心しなければ立憲主義の真髄を会得できないことを自覚します。

一方、水島氏は『あたらしい憲法のはなし』などの影響と同時に、憲法の重要条文を暗唱させる教育の弊害を指摘しています（『はじめての憲法教室』集英社新書）。

いずれも傾聴に値します。念のため『あたらしい憲法のはなし』を三五年ぶりに読んでみました。一九八〇年代初めに復刻版で読んで以来です。水島氏の指摘のように立憲主義的な観点はありません。民主主義については、多数意見に従えばよいという理解が押し出されています。当時はそれが当然のことでした。その一方で、国民自らが憲法を守ろうという熱気を感じとれる一冊で、平明な記述が読者を引き込みます。

佐藤功氏による一九文字

もう一冊大事な本は、佐藤功氏の『憲法と君たち』（時事通信社から二〇一六年に復刊、原著は牧書店、一九五五年）です。佐藤氏は内閣法制局の一員として、日本国憲法制定に向けて多大な努力をした一人。子どもたちに向けた本書は、憲法の意義をいきいきと伝えています。

本文末尾の一文は「憲法が君たちを守る。君たちが憲法を守る」。憲法に市民がどう向き合うべきかを、一九字でわかりやすく表現しています。

この二冊は、学校教育などを通じて社会に浸透しました。後に憲法を暮らしにいかそうという趣旨の訴えが全国で普及するなかで、国民自らが憲法を守っていくという機運は高まったのでしょう。それは戦争体験に向き合う市民の学びが広がっていく過程とも共鳴していました。

憲法学界で立憲主義が格別に重たい存在感を持っていることは自明のことです。憲法とは権力者を縛るもので、国民を縛るものではないとの記述が教科書などに記されるのは当然です。自民党改憲草案一〇二条の国民に遵守させる条項だけでなく、第二次安倍政権が憲法改正規定を定めた九六条の改正を突破口にした改憲を企てたことで、立憲主義の重要性を訴えようという機運は高まったのでした。

憲法を守るべきは権力者である。→国民に遵守を義務づけるのはおかしい。→国民は憲法を守らなくて良いという思考が導き出される必然性があります。

また、立憲主義の意義は長年の研究で究明されてきました。憲法制定権力において市民が果たす役割、立憲主義と民主主義との関係性など、学問的な論争点も多く存在しています。その上で誰もが共有すべき一点が、憲法とは権力を縛るものであるという規定です。

立憲主義の意義を社会に知らしめる上で、皮肉なことに安倍政権は大きな貢献をしました。二〇一四年七月一日の集団的自衛権行使容認の閣議決定、翌年の安保法制の強行可決は象徴的な意味を持っています。一内閣の独断で長年培われてきた憲法解釈を変更するという信じがたいことが公然と行われたのです。そんな乱暴なことは認められない。そんな無茶な対応ではなく、九条改正を国民に真摯に呼びかけるのが筋ではないかという主張も含めて、厳しい批判が展開されてきました。その声に耳を貸さずに安保法制を力づくで可決した安倍政権。九条改正はもう不要かのように一度は装いながら、改めて安倍改憲メッセージで九条改正を企ててきたのが現局面です。

安倍政権が立憲主義を蹂躙してきたことで、多くの人々が危機感を強めたのです。その延長線上で今こそ立憲主義の意義を訴えようと、国民は憲法を守らなくても良いというフレーズが語られる必然性がありました。ただ憲法の理念を体現しようとしてきた人の思いも切実です。憲法を愛してきたという自負ゆえに、「国民は憲法をまもらなくて良い」との一言に、自分たちの人生は何だったのだ……と落胆しても不思議ではありません。

二〇一七年の現段階でも、立憲主義というキーワードについて憲法学界の常識と市民の認識との間にはギャップが存在しているようです。

それは困った。安倍首相がタイムスケジュールを示して九条改憲に乗り出しているときに、立憲主義への認識を一本化しなければならない。一丸とならなければ改憲潮流に抵抗できないという意見もあるでしょう。だがそのような意見と、私は認識を異にしています。

立憲主義の最大のポイント、憲法とは権力を規制するものであることについて市民が正しく理解することはきわめて重要です。ただこの主題について、より深く理解する人もそうでない人もいる。各人の知識と思いを一色にすることはできません。少しでもレベルアップしていくことをめざすしかありません。

なお憲法学の教科書などが、市民の思いを叙述できないのは当然のこと。でも市民が憲法の理念を体現しようとしてきた重みを叙述の背後に感じとることも可能です。その観点を重視した一般書も数多く存在しています。

ただ教科書の記述は別にして、一人ひとりの人生から憲法を見つめるという問題意識がもっと強められても良いのではないでしょうか。「国民は憲法を守らなくても良い」という論点にこだわってみたのは、そのことが動機になっています。

なお問題点を鮮明にしようと、立憲主義にかかわって①と②の理解があると書きましたが、それ以外の立場もありますね。

③どちらが正しいかを考えたこともなかった。この語を聞いたことはあるが、問題意識を持ったことはない。

この③を選ぶ人が一般市民では多いでしょう。護憲派でもそうかもしれない。

ベトナム反戦運動に参加した小学生として

私は憲法九条に反対したことはありません。ただ長らく九条と聞くと、決まり悪さを感じることがありました。それは一九六〇年代末の小学校高学年の時にベトナム反戦運動に出会ったことに由来しています。この反戦運動に関わった方は多くおられるでしょうから、ぜひご自身の体験も思い出してみてください。

アメリカのベトナム侵略は許せないと思っていました。沖縄から飛び立つB‐52がベトナムで子どもたちを殺していることを知って、侵略戦争への加担を止めさせたいと思いました。自ら進んでデモや集会に参加したがる子どもでした。戦争には正義の戦争と不正義の戦争があるという大人たちのとらえ方に影響を受けていました。当時は理路整然と説明できませんが、ベトナム人民の戦争を正しい戦争と受けとめていたのです。

なぜそんな変わった小学生になったのでしょうか。

現在とは時代が異なります。クラスで公立以外の中学を受験したのは一名。習い事や塾にも無縁だったので読書に夢中でした。新聞も四年生から読み始め、スポーツ面、社会面、政治面を読んでいました。円谷幸吉選手の自殺の衝撃には及ばなくても、ベトナム戦争と沖縄問題に驚きを受けていました。病弱だったので死について敏感だったかもしれません。

誰かから政治教育を受けたわけではなく、内発的な動機も存在していました。『緑のほのお少年団』（エンツォ・ペトリーニ著、安藤美紀夫訳、新日本出版社）というイタリアの少年パルチザンを描いた長篇小説に夢中になり、打ち倒すべき敵に対して、武器を手に抵抗する姿に限りない勇気を感じていました。

正義の戦争を信じる眼、疑う眼

一九六〇年代末は、ベトナムの平和を願う声が高まっていました。プロ野球観戦の際も「ベトナムに平和を！　阪神に優勝を！」と応援団員が叫んでいました。反戦運動に参加した人も膨大な数に達していたはずです。

アメリカ社会での反戦運動について、当時はよく知らなかったのでアメリカを悪とみなし、ベトナム人民を正義と見る単純な見方をしていました。より年長の方はもっと冷静で複合的な視点が可能だったのでしょう。


正義の戦争があることをその後も長らく信じ続けました。解放戦争は否定できません。民衆の武力闘争を否定するならば、ヨーロッパでのレジスタンス闘争も間違っていたのでしょうか。しかし成人後にこの戦争観は批判されるようになります。とりわけ評論家・中野好夫氏の戦後初期のエッセーである「怒りの花束」を紹介しながら（すなわちベトナム戦争の評価には言及せず）、すべての戦争が悪だと諭してくれた先輩の姿は心に残ります。

子ども時代の記憶が蘇ってきました。控え目で慎重なはずの自分が、撃墜される米軍機やヘリコプターの映像を見ながら拍手喝采していた。ベトナム人民の戦争を支援するゆえに、侵略国の兵士がおそらく死んでいくことに喜びを表現していました。

大人になってみると、それが正しい態度だったのかと自問をよぎなくされたのです。憲法九条の非戦の思想と異なるかつての言行が、次第に肯定できなくなっていきます。

後にバオ・ニン『戦争の悲しみ』（井川一久訳、めるくまーる）というベトナム人の小説で、「英雄的な解放戦争」がいかに深い苦しみをもたらしたのかを改めて実感します。九七年に二度目のベトナム訪問で烈士墓地に詣でて、フランス、アメリカ、中国との戦争での戦没者に頭を垂れてきました。その後アレン・ネルソン氏（元海兵隊員）というベトナム戦争からの帰還兵と出会って、アメリカ社会の底辺の民衆にとっての戦争体験を考えるようになりました。

戦後日本が朝鮮戦争、ベトナム戦争に加担して特需の恩恵を受けたことは広く知られています。とりわけベトナム戦争の後方基地としてアメリカに大きく貢献した一方で、この戦争は高度経済成長をさらに推進する一因になりました。ちなみに二〇世紀後半の朝鮮半島と日本を比較してみると、民族分断の有無と朝鮮戦争という熱戦を経験したか否かで決定的に違っていることは明らかです。地政学的隔たりも大きな意味を持っています。日本の戦後史は、アメリカの関与する戦争を後方から支援するという点で、一貫してきました。憲法九条を持つ社会が、結果としては戦争に大きく加担してきたのでした。

ただ九条のプラスの意味も無視できません。九条が存在しなければ、韓国と同様にベトナムへの直接派兵を強いられても不思議はなかった。もちろんアメリカからの要請で自衛隊が派兵するという形態での参戦です。

ベトナム戦争世代の方は、当時どんな思いで反戦運動に参加したのでしょうか。
「運動を支えるために参加した。個人としての思いを突き詰めたことはない」

「アメリカの侵略戦争が許せなかった。ベトナムが当時正義だったのは間違いない」

「正義の戦争などと表現したことはない。相対的な正しさでベトナムを応援していた」

「なぜそんな昔のことにこだわるの。大事な闘いはいつなの。今でしょ」

さまざまな反応が予想されます。ここでも答えは一つではありません。

ベトナム戦争とは「童心」に深く突きささる世界史的事件でしたが、憲法九条との緊張感を、大人になってから自覚するようになったのです。九条に向きあう時、わずかに照れくさいのは以上の事情によっています。でもそれも九条を考え続けてきた一因でしょうか。

現在の私は、九条の戦争放棄を支持しています。正義の戦争か、不正義の戦争かという二分法的なとらえ方は避けています。にもかかわらず民族の独立と自由のために死んでいった人を初め、五〇〇万を超すベトナム人民の死者を忘れることはできない。戦争に加担し続ける日本の小学生としてアメリカの侵略戦争を糾弾し、ベトナム人民を支援したことを恥じる気持ちはありません。いつかもう一度ベトナムの烈士墓地に詣でたいと願っています。

憲法九条は現在と未来に関わる問題ですが、過去とも往還して存在していることを感じます。

日本の戦争への見方も多様だ

憲法九条をみつめれば、日本の戦争もすぐそこに存在しています。とはいえ戦後十二年経って生まれた私は、戦争を自己の体験としては語り得ない世代。戦争体験や被爆体験の継承という言葉を用いることにも慎重です。

日本の戦争との出会いは書物を通じてでした。小学校高学年の時には、「天皇陛下万歳」と叫んで日本の兵士が死んでいったこと、実は母への一言を叫んだ兵士がより多数だったことを知っていました。児童文学の名作、前川康男『ヤン』（実業之日本社）は日本軍兵士と中国人の少年ヤンとの友情をいきいきと描いていました。日本人兵士がすべて極悪非道ではなかったことも、子ども心にかすかに感じとっていました。


身内に一人だけいる戦没者は亡父の兄です。年齢が大きく隔たっていた兄と弟は、奇しくも一九四四年という同年に出征し、兄は戦死し弟は復員しました。父は戦場体験についてごく断片的に話すのみ。フィリピンで戦死した兄に関する小学生の私の問いに対しても、饒舌ではありませんでした。

父の生家に夏休みなどに行くと、戦死した伯父の妻は歓迎してくれました。亡き伯父について私が尋ねると、戦死の通知はあったが遺骨も帰ってこなかったことを淡々と語りました。

一九六九年一月二日、皇居の一般参賀で昭和天皇にパチンコ玉が発射されたという事件がニュースで報道された時のこと。父の生家を訪れていた私は瞬間的に、天皇のために多くの兵隊さんが死んだのではないか。天皇は憎まれて当然ではないかと口走ったのです。血相を変えた伯母は「そんなことは絶対に言ってはいけない」と迫ってきたのでした。

いま思えば、夫を戦争で亡くした人の前で無神経な発言です。十一歳で判断能力もないとはいえ恥ずかしさがつのります。ただ日頃から家庭内での専制君主で口やかましかった父は、私の一言に対して沈黙を通しました。

それから四〇年以上が経った二〇一一年、父の逝去の数ヵ月前のこと。私は二つの質問をしました。短い中国戦線での日々に民衆に銃口を向けたことはあるのか。捕虜を銃剣で突き刺す刺突訓練をしなかったのかという内容です。いずれも否という返事でした。

現在では九〇代でお元気な方も増えています。戦場体験者は現時点でも多くの方が健在でおられます。空襲や原爆を自ら経験したり、外地からの引き揚げで辛酸をなめたりという日々を記憶している方も、お元気な方が多くいます。

その場での匂いや音も含めて生々しい記憶を持ってきた方が、二度と戦争を繰り返してはいけないという研ぎ澄まされた思いを胸に秘めています。それは均質ではありません。

同一年齢の方が、等しい戦争体験を持つわけではない。広島と長崎で、爆心地から等距離で被爆しても被害は多様です。戦中派世代の体験、戦後七二年の歳月、いずれも十人十色です。

戦争体験は被害の側面だけではありません。中国や東南アジアで従軍した人たちもまだ健在です。日本軍の兵士全員が現地民衆に銃口を向けたとか、捕虜の刺突訓練をしたとか一律な戦場体験を持っている訳ではなく、軍隊では巨大組織の一員としての日常が存在していました。

護憲派は軍事を知らない。馬鹿の一つ覚えで平和を叫ぶ人たちだと、改憲派の人たちからよく責められます。だが護憲派には、戦場で住民の殺戮に関与せざるを得なかった人も含めて、戦争を知る多くの人たちが存在しています。

戦争の相手国は中国のみならず、東南アジア諸国、英米仏蘭、ソ連と数多いわけで、日本が問われるべき責任も同一ではありません。戦場の現実とは無数の切片から構成されており、体験者の思いは千差万別です。

戦死した日本の兵士に、どう向き合っているでしょうか。軍国主義の犠牲者として、犬死ととらえる人も数多いでしょう。だがこの語には抵抗があります。日本の戦争が侵略戦争だったこと。聖戦のために殉じた英霊として戦没者が崇め奉られるという風潮に同調しないという文脈で、犬死なる語が用いられてきたことも理解していますが、しかしご遺族を前にしてこの言葉を使おうとは思いません。

再び戦死者を生み出すことを願う護憲派は皆無です。その一方で身近での戦死者の有無や戦争体験についてては一人ひとりが異なっており、靖国神社や昭和天皇の戦争責任についての思いも分岐しています。しかし、戦争の辛さを語り出すと人々の気持ちは一つになります。

多くの市民にとって、戦争体験との距離はさまざまな色模様を示しています。その星雲状態は今後も変わらず、一九四五年に日本の敗戦として終結した戦争について、いずれは直接知る人がこの世から消え去っていきますが、それまでにまだ長き時間が存在しています。

戦後日本への分岐する思い

長らく勤務していた出版社は、学歴差別、女性差別などはありえない民主的な会社で、職場にあたたかい雰囲気もありました。だがサービス残業が是認されて長時間労働が続くなかで、ニュースへの感度は悪くなりがちでした。そんな時に政権首脳の問題発言に覚醒させられたことを思い出します。森喜朗首相の「神の国発言」には、(天皇を中心とした神の国ならば)許せないと思ったのですが、調べてみるとその趣旨ではなく拍子抜けしました。

第一次安倍政権では、二〇〇七年一月二六日の施政方針演説で語られた「戦後レジームからの脱却」という一節が刺激的でした。この戦後レジーム(体制)とは多様な意味を持っていますが、安倍発言が最も意識しているのは日本国憲法であり、レジームチェンジ(体制転換)をねらっていたという理解で間違いはありません。

この戦後レジームからの脱却、戦後日本の変革という立場は、安倍氏とは思想的に対極にある立場の人たちも長らく育んできた問題意識でした。もっともこれらの人たちは憲法を支持するがゆえに、憲法を実質的に侵害している日米安保条約や自衛隊の存在を批判しました。日本社会を実質的に支配しているのは政官財であり、米国の存在も無視できないというスタンスから、そのような政治と社会の仕組みを変えていこうという戦後体制への批判でした。米国に恭順な姿勢をとるかどうかが、戦後日本の政治勢力にとって大きな分水嶺でした。

一市民という立場で戦後日本を根底的に問い直すのは、昔も今も正当なことです。ただ首相発言に引きつけるならば、総理大臣には憲法九九条で憲法遵守義務があります。憲法を眼の敵にして、戦後レジームからの脱却を公言するのは妥当ではありません。自明のことですが付記しておきます。

安倍首相とは異なる立場で戦後日本への批判的問題意識を持ってきた人たちにとって、自衛隊と日米安保条約の存在を違憲とみなす憲法学界の多数説は威信を持っていました。戦後レジーム＝戦後日本を問う人たちにとって、憲法と安保条約、自衛隊の問題は最重要関心事の一つです。その問題意識に立つ人たちの中には、政治と社会をダイナミックに変えようという変革派ともいうべき潮流が存在してきました。ただこの変革を志向する潮流も多様で、あるべき将来のために民主主義革命、社会主義革命など革命を志向する潮流も存在すれば、そのことは強調しない、異なるアプローチの人たちも存在しています。

またかつて変革派だった市民も、さまざまな軌跡を経て現在に至っています。安保条約論も昔と今とで考えが変化した人と変わらぬ人の双方が存在しています。さらに戦後日本とは憲法などが十全に機能しない体制であるのか。それとも憲法によって大きく規定されている側面を重視するかという二つの立場が存在します。

それゆえ変革派も多義的な存在です。決定的に重要なことは、日本社会全体では、どの時代でも日本国憲法の理念を尊重していくという意味での戦後社会擁護派が変革派よりもはるかに大多数だということです。敢えて素朴なイメージを語るならば、もう戦争はいやだという共通の思いのもとに、憲法や平和と民主主義に肯定的だが体制変革とか政治闘争には距離を置く戦後社会擁護派が常に広範に存在しており、その中の少数の人たちが変革派であると説明できそうです。戦後社会擁護派はテーマによって変革派と共同してきたというモデルでしょうか。

戦後社会擁護派の中にはもちろん保守党支持層も広範に存在していました。社会運動への参加経験の有無もバラバラです。ただ戦後的な価値観を擁護することが、その局面での現状肯定を必ず意味したわけではありません。その価値観ゆえに民主主義を求めて多くの領域で果敢に活動した人も珍しくありません。また個人の中で戦後社会擁護と変革という二つの価値観は二者択一ではなく、大いに共存しうるということも自明でしょう。

この視角で見ていけば、護憲派の中に社会を変える努力を積み重ねてきた人々が存在している一方で、憲法九条などには共感しても一度も社会運動には参加したことがない市民も数限りないことは、当然だと了解できます。さらに九条に共感する人は全国に広範に存在しても、自衛隊の解散や安保条約廃棄を求めて持続的に行動する人は一定の割合にとどまっていて、天皇制廃止や革命をめざし続ける論者は圧倒的に少数だという見取り図も描けそうです。

現在では昔よりもさらに戦後社会擁護派が多数になり、その上で憲法的な価値を守り続けたいと願っています。戦後日本社会の真っ当さと健気さを全否定することは不可能でしょう。

ただ記憶したいことは、いつの時代も耐えがたい苦悩や悲しみに向き合う人がいて、人々の闘いが存在してきたことです。憲法九条との関連で言えば、安保条約廃棄を訴え、自衛隊を憲法違反として批判する人たちの行動は今も絶えることなく続いています。戦後日本というレジームへの問いかけは、現在進行形の問題として続いています。ただ巨大な護憲派全体が常にその声に敏感に反応していると即断することはできません。

本章の話題は、憲法の教科書にもメディアの憲法報道にもまず登場しません。しかし濃淡の違いはあれ、憲法とも関わりを持っており、さまざまな記憶が蘇ってくる話題です。

現代の「キーワード」である立憲主義。反戦運動が高揚したベトナム戦争。「家族の歴史」に重なり合う戦争体験。日頃は意識しないもう一つの「戦後レジーム」論。

いずれも多様な立場があります。一億二千万人の中ではもっと多様ですが、護憲派を自任する人の中でも意見は分岐しています。とりわけ高齢世代の中に、濃密な関わりを持つ方がおられるでしょう。濃淡を競い合う必要はありません。人さまざまであることを確認しましょう。

大切なことは、どのような立場の人も切りすてることはできないということです。護憲派の人生の軌跡が多様であるように、日本国憲法への視点についても護憲派の認識は一枚岩にはなれない。そのことを次章で考察していきたいと思います。

第二章　日本国憲法、何が盲点になっているか

日本国憲法は条文が短い憲法。でも大事なポイントは数多く存在しています。一条から一〇三条まであるので市民にとっての盲点も少なくありません。個々の条文とは別に立憲主義についての正確な理解も不可欠です。本章ではまず二点を紹介します。

一つは日本国憲法の制定過程をどう見るか。これは大テーマとして多くの論点が存在しています。もう一つ、長年焦点である自衛隊問題も重要。そして本章ではこれらにとどまらず、憲法と市民との距離感をどう見るべきか。護憲派の憲法認識をどう見るべきか。これらも盲点として位置づけて、考察をしてみたいと思います。

憲法の制定過程をどうとらえるか

日本国憲法の誕生について、護憲派にも多様な問題関心があります。ただ大半の市民は深く勉強する機会を持てなかったのが実情でしょう。

でも憲法の誕生は大事なテーマ。改憲派による日本国憲法への批判点の一つはこの制定過程についてです。それゆえこのテーマは過去の歴史の解釈にとどまらず、現時点での憲法論に密接に関わっています。主要な論点を整理しておきましょう。

憲法制定過程について、一九四五年八月一五日以降の大まかな流れを紹介します。

①九月二日、降伏文書に調印。四日、昭和天皇「平和国家を確立」との勅語を発表。一〇月四日、マッカーサーは近衛文麿との会談で憲法改正を示唆。一〇月二五日、政府は憲法問題調査委員会設置（委員長は松本烝治国務大臣）。一一月五日、高野岩三郎、鈴木安蔵らの憲法研究会が始動。

②一二月六日、近衛文麿は戦争犯罪人に指名され、一六日自殺。二六日、憲法研究会「憲法草案要綱」を発表。一九四六年一月一日、天皇の人間宣言。四日、松本国務大臣「憲法改正私案」完成。二九日、閣議に提出したが決定には至らず、二月一日、毎日新聞で松本委員会試案をスクープ。

③二月、GHQの動き激しさを増す。三日、マッカーサー憲法改正「三原則」を提示。八日、松本はGHQに「憲法改正要綱」を提出。一〇日、GHQ民政局はGHQ憲法草案を完成。一三日、ホイットニー民政局長等が吉田外相、松本国務相らとの会合で、松本による「憲法改正要綱」を拒否しGHQ案を手交。一九日、閣議でGHQ案の受け入れは結論出ず。二一日、幣

原・マッカーサー会談。戦争放棄を受け入れるようマッカーサーが説得。二二日、閣議でGHQ案受け入れを決定。二七日、松本国務大臣らGHQ案を参考に新たな日本案（政府案）起草にあたり、三月二日に完成。

④三月四日、松本国務大臣ら日本案を携えてGHQ本部に出頭。ケーディス民政局次長等と日本案について三〇時間の審議。五日、政府は閣議で日本案を「憲法改正草案要綱」として発表。四月一七日、政府が帝国憲法改正草案正文を公表。六月二五日、政府憲法草案が衆議院に上程。二八日、衆議院本会議から特別委員会（芦田均委員長）に付託。七月二五日、特別委員会の下に「小委員会」が秘密会として組織。八月二四日、衆議院、帝国憲法改正案を修正可決。十月六日、貴族院でも可決成立。七日、帝国議会を通過。一一月三日、日本国憲法公布。一九四七年五月三日、日本国憲法施行。

これ以外にも重要事項が山のように存在します。海外諸国が日本の戦後構想に重大な関心を寄せていたこと、昭和天皇とマッカーサーの会見、東京裁判、戦後初の総選挙などもその一例です。多くの重要な憲法草案がありました。

なお連合国の戦後構想は一九四一年八月の大西洋憲章に始まり、日本への基本方針は一九四五年七月二六日のポツダム宣言で提起されています（日本の受諾は八月一四日）。

憲法についてはGHQと日本の動向、両者がどう連携していたのかがポイントです。国内の動きがあり、ＧＨＱ側の構想があり、ＧＨＱと日本の長時間の審議があり国会で審議を重ねた上で、日本国憲法が公布されたわけです。

国際的な文脈も重要です。一九四五年六月に国連憲章が制定されています。この国連憲章で武力行使の禁止を明記しているのは、戦争違法化をめざしてきた歴史の蓄積があったからです。一九二八年の不戦条約第一条でも「締約国は国際紛争解決のために戦争に訴えることを不正とし」「国家政策の手段としての戦争を放棄すること」を宣言しています。その意味で憲法九条第一項の戦争放棄は、長年の戦争違法化の歴史を前提にしていることになります。

一方、国連憲章では各国の個別的自衛権・集団的自衛権を認めていますが、約一年半が経過して誕生した日本国憲法では戦力不保持等が規定されています。国連憲章と日本国憲法との間に大きな断絶面も存在していることは明らかです。この一年半の間に、広島・長崎への原爆投下があったことも記憶に留めたいことです。

日本国憲法の制定過程については、専門家の膨大な著作が存在しています。最近刊行された中で一般市民が読みやすい一冊としては、古関彰一『平和憲法の深層』（ちくま新書）『日本国憲法の誕生』（岩波現代文庫）があります。後者は、本年刊行の増補改訂版でも多くの新稿が加えられて新鮮な歴史像が描き出されています。

また原秀成『日本国憲法制定の系譜』全三巻（日本評論社）、河上暁弘『日本国憲法第９条成

立の思想的淵源の研究』（専修大学出版局）なども専門書として存在感を持っています。まず古関氏の『日本国憲法の誕生』を一読するだけでも、このテーマの奥行きの深さについて感受することができます。以下に紹介できるのは、そのごく一部にすぎません。憲法制定過程について最も大きな論点として何が存在しているかです。

改憲論者が長年強調してきたのは、押しつけ憲法を廃止せよとの主張でした。占領下にアメリカに押しつけられたのが現憲法であるとの認識です（なおアメリカではなくGHQと表現することが歴史の事実にかなっています）。これが憲法の制定過程をめぐる第一の論争点です。ただ現在では改憲派対護憲派と意見が整然と区分されているわけではありません。護憲派にも「押しつけ」を認める論者が少なからず存在しています。押しつけられても良いものは良いという判断です。また押しつけられた側面は否定できないが、国民が押しつけられたのではない。大日本帝国憲法の水準から脱却できなかった古い感覚のエリートが押しつけられたとの指摘も存在しています。

別の角度からの、押しつけ憲法論への反論も存在します。押しつけどころか、当時の最先端の理想主義的な憲法観が提起された。パリ不戦条約などを含めた国際的な非戦思想を反映しているという見方が長年存在しています。高野岩三郎、鈴木安蔵らの憲法研究会案がGHQに多大なる影響を与えたことは、かねてより長らく関心が払われてきました。自由民権期における民衆の憲法構想も含めて、内外の思想史を読み解き、平和憲法の思想的水脈を見出す仕事も数多くあります。バーリンなどのリベラリズムの系譜を重視することが重要だという外岡秀俊氏の指摘も存在しています（『日本国憲法の価値』朝日新書）。

またこの間、資料に依拠しながら実際の憲法制定過程についての研究が進んできたので、第九〇回帝国議会（一九四六年六月〜一〇月）で徹底審議が行われて、多くの重要な追加修正が行われたことが具体的に明らかにされてきました。

第二の重要な論争点は九条の発案者です。戦争放棄の九条を提起したのはマッカーサーなのか、幣原首相なのか。長年これが論争テーマでした（さらに他の説も存在していますが割愛します）。九条はＧＨＱ側からの働きかけで制定されたという主張に対して、実は幣原喜重郎が決定的な役割を果たして、日本側にイニシャティブがあったのだという見解も存在しています。

そもそも九条の条文がどのような過程を経て、最終的に確定したのかは長らく未解明でした。九条の原案に戦争放棄の条項は明記されていても、平和という語は記されていなかったというきわめて重要な事実も古関氏や塩田純氏によって紹介されてきました。日本社会党の鈴木義男議員らが国会審議の場で奮闘することで、実際の条文に盛り込まれたというプロセスが本年五月のＮＨＫスペシャルで映像化されたので、市民にも驚きを与えたことと思います。このように最も有名な九条についても、最近まで知られていなかったことが存在しています。

第三に、他の条文でも重要なポイントは数多く存在しています。二五条の生存権も森戸辰男議員らの最終盤の努力で条文に明記されたこと。男女平等についてはシロタ・ゴードンの貢献が大きかったことなども後年になってから市民が初めて知り得たことが少なくありません。一方、外国人の権利のようにGHQ案から後退してしまった条項も存在しています。日本側にも見識を持つ人物がおり、GHQ側は個々の人物の貢献というよりも、確固とした問題意識と準備によって組織として憲法を構想していたわけです。憲法制定過程を総体として学んでいくことは、モザイクを一つ一つ埋めていく知的作業を要請しており、きわめて奥深い世界です。

ただ古関氏の『平和憲法の深層』や『日本国憲法の誕生』を一読しても、日本国憲法は押しつけ憲法であるとの批判が説得力に欠けていることは一目瞭然です。『第九十回憲法改正特別委員小委員会議事録』を参照するのは面倒でも、古関氏の著書には主要な論点が紹介されています。

もちろん当時はGHQによる占領下、日本側が独自に憲法を構想できるはずはありません。とはいえ、GHQが一方的に憲法を用意して無理やり押しつけたともいえないのです。九条も鈴木義男議員らの努力がなければ、現在の条文として存在していません。より良き憲法を生み出そうという真摯な議会人が存在していたのです。

ちなみに、後年に国会で参考人として招致された鈴木義男氏は、押しつけ憲法ではなかったかという角度からの質問に際して、「私はきわめて自由な気分で、朗らかな気分でこの憲法制定に従事し、制定にも従事いたしたつもりでおるのであります」（第二十四回国会・参議院内閣委員会、一九五六年五月七日）と述懐しています。

さて第二の論争点である九条の発案者について、憲法学の権威ある教科書でどう位置づけられているのかを確認しておきました。憲法学界で最も定評ある一冊である芦部信喜『憲法　第六版』（岩波書店）は憲法制定過程を描いています。

九条の平和主義の起源については、日米の合作とも言われること。その前提として「日本国憲法の平和主義の規定は、日本国民の平和への希求と幣原首相の平和主義思想を前提としたうえで、最終的には、マッカーサーの決断によってつくられたと解される」と記しています。

このような記述によって、ごく一般的には日米合作で規定されたという見解が普及していくことは避けがたいでしょう。ただその合作の中身こそが大問題なのです。憲法制定過程についても未解明の論点が数多く残っており、今後も研究者の不断の努力が続けられていくことに注目したいと思います。古関氏とは異なる立場で、憲法制定過程を究明している論考として河上暁弘「憲法9条の成立(1)〜(4)」（『自治総研』二〇一七年二〜五月号）があります。

九条と一条はセットである

さて若干角度を変えながら、九条の問題を考え続けていきましょう。

戦後日本の出発に際して、天皇制問題がマッカーサーにとっての最大の難問でした。日本の統治にとって天皇の存在は不可欠。だが大日本帝国憲法と同じ位置づけならば、連合国内部での賛成もえられない。新たな位置づけが求められていました。

軍国主義日本の再来を許さないという機運は、当時の国際社会で高まっていました。ただ天皇の絞首刑などは非現実的であるので、九条で戦争放棄と軍備不保持を明記した上で、昭和天皇の戦争責任を免責して諸外国をも納得させるという判断をＧＨＱが持った。これが九条制定の背景に存在していました。

このように九条の平和主義と一条の象徴天皇はセットになっています。この視点で九条をとらえていくことは、きわめて重要だと思われます。平和主義の中身について正確に理解するならば、武力行使の禁止はそれ以前から追求されてきた概念だというのが第一点。また平和主義という理想のために九条が構想されたかどうかについては、敗戦直後の国際的文脈やマッカーサーを初めとしたＧＨＱ首脳の判断を総合的に理解することが重要だと思われます。侵略戦争を続けて、連合国を敵に回して闘ってきた日本に対して、いかに新たな道を選ばせていくか。アメリカを初めとした占領軍が被占領国の戦後構想をどう展望したかという点が、きわめて本質的な問題です。軍国主義日本の再来を許さないという機運は、戦後初期の国際社会で高まっていました。その中での選択だったのです。九条を冷静に論じるためには、憲法制定過程を広い視野で描いていくことが何よりも大切だと思います。和田進氏も憲法の制定過程について、「第一章「天皇」と第二章「戦争の放棄」はワンセットのものであった」と、象徴天皇制と戦争放棄との関連を的確に解説しています（「安保体制と改憲をめぐる攻防の歴史」『日米安保と戦争法に代わる選択肢』大月書店）。憲法誕生という出発点ではGHQ側なりの強い決断があって原案がつくられ、それを日本側でも政府や国会議員や官僚が協議した上で一つの条文として制定したことは明らかです。

ただ九条の制定には日本側独自の努力も存在していました。先述したように、鈴木義男議員らの奮闘で第九〇回帝国議会の時点で九条に平和条項が追加されました。当初の案では、「戦争の放棄」と「戦力の不保持」「交戦権の否認」を原則とする内容でした。したがって「日本国民は、正義と秩序を基調とする国際平和を誠実に希求し」というくだりは、一九四六年七月の時点で追加された訳です。軍国日本にいわば懲罰を与えるという文脈のみが明記されていた中で、やはり平和という主題が重要であることを主張して現在の条文に到達したのです。また外務省サイドからは、国際協調主義という思想をより押し出す試みがなされています。鈴木義男議員も個人としてその問題意識を持っていました。

日本国内で注目すべき動きは他にもあります。そもそも戦後最も早く平和国家の建設を提言したのは昭和天皇でした。この忘却されていた事実も和田春樹氏によって改めて光が当てられました（「戦後日本平和主義の原点」『思想』二〇〇二年一二月号）。また幣原首相が九条の発案者であるという立場に私は今も懐疑的ですが、幣原が敗戦直後に平和主義の思想を訴えていたことは明らかです。

庶民との関係をどう見れば良いのでしょうか。憲法の制定過程において、庶民の平和への思いを聞き取って憲法が制定されたという事実は存在していません。庶民は憲法制定に関わることはできませんでした。しかし新憲法を熱く受けとめた庶民は多数存在していました。戦争で苦難を嘗《な》めてきた人たちにとって、九条は驚天動地の内容です。感涙にむせんだ人が少なくありません。平和を求めることが人類の理想である。戦争放棄を宣言した九条に魅了された人びとの存在が、今日まで日本国憲法を守ってきた国民的体験の出発点に刻印されています。したがって憲法制定後に、この憲法を受けとめてきたという文脈では庶民も無視することができず、平和を守ろうという理想は人々の心の中に結晶化していきました。

九条は沖縄の苦難とも関わりを持っている

話はそこで決着しません。この九条は一条とセットであるだけでなく、沖縄の苦難の戦後史とも当初から浅からぬ関連を持っていました。

いやその前に、憲法の基本的な盲点がもう一つ存在しています。日本国憲法が制定される前も後も、この国に米軍が存在しなかった日は一日もない。沖縄では一九四五年春に米軍の侵攻が開始されて以降、米軍支配が続いていきます。憲法九条の非戦と戦力不保持の理想は尊いけれども、（自衛隊のみならず米軍の存在によって）理想とは異なる現実が続いてきたことの重さをまず自覚したいものです。その上で沖縄と九条との関係が問題です。

九条で日本本土の非武装を定める前提になったのは、沖縄の現実でした。「本土」にはアメリカを中心とした占領軍が存在するなかで、米軍の軍事戦略における拠点として沖縄が決定的な意味を持っていました。すでに戦争末期の一九四五年四月「米海軍軍政布告第一号」によって、沖縄は米軍の支配下に置かれていました。以後、沖縄には日本の行政権は及びませんでした。米軍の統合参謀本部で、小笠原や沖縄を日本から切り離して、米国の排他的な戦略的統治の下におくべきとされていたことが、我部政明『日米関係のなかの沖縄』（三一書房）に記されています。また明田川融『沖縄基地問題の歴史』（みすず書房）にも「沖縄に十分な軍事力があれば、アジア大陸からの陸海軍の発進する目的のために日本本土を必要としない」という一節が紹介されています。沖縄の要塞化がどれほど存在感を持っていたかは明らかです。

古関氏はこれらも参照した上で、一九四五年一二月に婦人参政権が実現されたまさにその衆議院議員選挙法の改正で沖縄県民の選挙権が停止され、翌年の総選挙後の国会には沖縄選出の代表が不在の下で日本国憲法が審議されたという事実を明らかにしています。

九条の平和主義、一条の象徴天皇制という条文が関連しあっているだけでなく、九条が歩んできた背景には米軍の軍事要塞としての沖縄の存在が不可分であったという事実は、護憲派の一人として重く感じられます。これも多くの市民の盲点です。

実に複雑です。この角度から日本国憲法の誕生について考察すれば、人類の理想を体現した九条という見方との間に緊張感が生じます。憲法九条の存在と、沖縄の苦難の戦後史とが密接に結びついていることも、戦後日本というレジーム（体制）の複雑な性格を示しています。

戦後レジームとは日本国憲法だけではありません。一九五一年のサンフランシスコ講和条約締結が巨大な位置を占めています。同条約三条で沖縄は本土から切り離されて、名実ともに米軍支配下での苛酷な現実を強いられていきます。また同時に締結された日米安保条約は現在に至るまで、憲法を侵食しながら安保体制の重さを社会に刻み込んでいきます。

日本国憲法は最も重要です。同時にサンフランシスコ体制、日米安保条約、天皇制、沖縄等が憲法とも複雑に絡み合いながら、強い緊張感を有しているのが戦後日本です。憲法を論じることと戦後レジームについて見つめることは一体不可分なのです。

護憲派は幅広い集合体

だがこの問題意識をすべて共有できる人は限られます。この観点で戦後史を検証することは、護憲派大多数の問題意識とギャップが生じてしまうのです。

あの悲惨な戦争を二度とくりかえすまいという思いが、この列島に生きてきた庶民の願いです。護憲派の人びとは、庶民の非戦への思いが九条という理想の源になってきたことを信じてきた。その一点を忘れないという思いを共有してきた。

占領軍やアジア諸国からみれば、二千万人のアジアの民衆を殺戮した侵略戦争の再現を許してはならない。だからこそ戦争放棄の憲法を制定させたという経緯があり、その後もアジア諸国からの日本の再軍備への警戒心は強いものがありました。だが国内でそれを自覚する人は相対的には少数でした。護憲派は昔も今も研究者や知識人だけの集団ではない。これらの議論を、護憲派の全員で行うことは全く不可能です。

日本国憲法の制定過程は学術的な主題でもあります。直接的には戦後初期の数年に関わる内容で、重要資料も長らく公開されませんでした。九条と一条との関係、基地の島・沖縄の存在が九条の存続を客観的には支えてきたことに長らく無知であったとしても無理はありません。今後それを視野に収めていけば、九条を見つめる眼が豊かになります。

比喩的な表現を用いれば、九条は幸福な星の下に生まれてきた存在ではありません。無謀な侵略戦争の果て、二千万人のアジア民衆の犠牲はもとより、全国で多くの人が焼き殺された都市空襲と県民の四分の一が死亡した苛烈な沖縄での地上戦を経て、ヒロシマ・ナガサキの悲劇も避けられずに迎えた敗戦の後にようやく実現した条文です。戦後も、「本土」とは隔絶された苦難の戦後史を歩み続けた沖縄の困難な現実にも支えられて生き続けてきたという側面があります。誕生から多くの矛盾を背負って歩んできたのです。

しかし人びとの受難を経て生まれてきたゆえに、美しく輝いて見えるのが九条です。この理想に希望を託そうという人たちが巨大な渦となり列島に広がっていきました。

以上の九条認識は、広範な護憲派市民に支持されるかどうかは不明です。これを盲点などと書くと「上から目線」になってしまうので、論争点と位置づけておきましょう。

九条は世界の希望だ。人類の理想だと固く信じて、「九条大好き」という気持ちを育んできた護憲派の人びとの努力を忘れることはできません。この理想を世界に広めようと、ノーベル平和賞を求める運動も含めて存在していることを知っています。

私が紹介してきた九条観や戦後史像だけを唯一の正解であると主張するつもりはありません。現代史のとらえ方は今後も議論が続いていくでしょう。一人ひとりが専門家の仕事に学んだ上で、自分なりの憲法観を持っていけば良いと思います。

「九条大好き」と自信を持ってアピールできる人は心強い存在です。でも護憲派はさらに広範な集合体。九条に満点をつける人もいれば、八〇点の人も六〇点の人もいる。点数はつけられないけど改憲よりはましだという人たちも存在している。その人たちがゆるやかに共同し合っているというイメージで捉えてみたいのです。金子みすゞの詩にあるように、「みんな違って、みんないい」という文化を、無意識ではあるけれど護憲派は持っているのかもしれない。今後はもっとそのことに確信を持っていきたいと思います。

以上紹介してきた日本国憲法の制定過程は巨大なテーマだと痛感します。激動期のドラマに知的好奇心をかきたてられます。

専門家でも意見が分かれる自衛隊問題

第二の問題は自衛隊問題。安倍首相の改憲メッセージでさらに注目されていますが、憲法の最大の論争点であり、同時に大きな盲点でもあります。

自衛隊の合憲化を進めたいと安倍首相は二〇一七年五月に述べましたが、現在が違憲状態だと認めているのかと反駁したくなる人が多いでしょう。三項等での自衛隊明記は海外での武力行使の容認が目的だという批判も強まっています。

その一方で護憲派側の意見の分岐は明らかです。長らく自衛隊違憲論が護憲派の中心でしたが、現在はいくつもの潮流が存在しています。自衛隊を違憲だと見なす人、合憲だと見なす人、いずれでもない人に三分割されます。自衛隊の現状を基本的に認めるので九条改正は不要という意見もあり、自衛官が戦死するので改憲は容認できないという意見も存在しています。自衛隊をどう見るか、どれほどその現実を知っているかも一様ではありません。

また自衛隊違憲論者の中でも認識は分岐しています。自衛隊の即時解散を主張するのか否か。いずれは災害救助隊への転換をめざすとして、どの時点でいかにそれを実現するか。

また自衛権のとらえかたも、護憲派の中で異質な見方が共存しています。政府の長年の憲法解釈を尊重して、個別的自衛権の行使には何の問題もないという論者もおり、その一方で九条は武力による自衛を禁じており、非武装中立以外の選択肢はないと自説を主張する人もいます。

護憲派の自衛隊認識は、長らくそれなりの色模様を持ってきましたが、今やきわめて多岐にわたっていることが明らかです。百花斉放、バラバラと表現しても誤りではないかもしれない。このような実態があるので、いま問われていることは自衛隊が護憲か違憲かを論議することではない。三項等追加によって自衛隊の海外派兵を公然と認めることに反対するのが護憲派の緊急の課題である。九条の会でも以上の問題意識を前面に押し出しています。九条を守るためにはそれが妥当な方針でしょう。

憲法研究者の九条論をめぐって

護憲派の自衛隊論について、少し復習しておきましょう。そもそも憲法九条との関わりで、憲法学界ではどのようなアプローチを重ねてきたのでしょうか。

憲法学の書物では自衛権について定義がなされています。誤解のないように言えば、自衛権ということばは憲法の条文には全く記されていません。

たとえば芦部信喜氏によれば、自衛権を発動するためには①防衛行動以外に手段がなく、そのような防衛行動をとることがやむを得ないという必要性の要件、②外国から加えられた侵害が急迫不正であるという違法性の要件、③自衛権の発動としてとられた措置が加えられた侵害を排除するのに必要な限度のもので、つり合いがとれていなければならないという均衡性の要件、が必要であるとされています。

ただ自衛権そのものについて、憲法学界の判断は分かれています。多数説は国家にも国家固有の自衛権の保持が認められているとみなす、自衛権留保説です。これに対して自衛権放棄説も存在しています。憲法の平和主義を徹底的に貫くという考え方でしょう。

芦部氏の『憲法』でも自衛権は、独立国家であれば当然有する権利で、国連憲章五一条において、個別的自衛権として認められており、日本国憲法においても放棄したわけではない。ただ自衛のための防衛力・自衛力の保持が認められているかどうかについては、重大な争いがあることを示唆しています。

この点は政府解釈が専守防衛を認めていることとの関係で誤解しやすい点ですが、憲法学の枠組みの中では、武力による自衛権自体を抑制しようという見解が強かったわけです。その場合は警察力や外交でやっていくことが基本になります。

最もむずかしい論点の一つが、九条二項との関連で戦力をいかに規定するかです。憲法学界から自衛隊違憲論が長らく提起されてきたことは、この戦力をどう規定するかに関わっています。たとえば芦部説では、自衛隊は九条二項の「戦力」に該当せざるをえないと指摘しています。しかし政府の憲法解釈では、それを受け入れるわけにはいかないので、「自衛のための必要最小限度の実力を越えるもの」を「戦力」としてとらえ、この「戦力」は認められない。しかし自衛隊は「自衛のための必要最小限度の実力」であるから自衛隊は憲法違反ではないという「論理」が長らく提示されているのです。

このように日本とそれをとりまく現実に対して、日本国憲法の立場からどう解釈するかという学説が存在し、他方では内閣法制局による政府の憲法解釈が存在して、両者の間には緊張関係が存在しています。一般市民になじみづらいのは、憲法学界にはさまざまな学説が存在していること。芦部氏の憲法解釈は権威を持っていますが、それと異なる条文解釈もいくらでも存在しています。

たとえば九条一項の戦争放棄をどうとらえるかについても、憲法学研究者の間で侵略戦争のみを放棄したと見る見方があり、他方では自衛戦争を含む一切の戦争を放棄したという学説も有力であることがわかります。

また九条二項の戦力の不保持についても、先に言及した戦力をいかに規定するかだけが論点ではありません。そもそも自衛のための戦力の保持は許されるという学説があり、それとは異なる立場として自衛のための戦力の保持も許されないという学説が存在していて、後者が多数説になっています。それ以外にも少数説が存在しています。

政府の九条解釈は一項についてては侵略戦争を放棄しているという立場です。自衛戦争は容認している。二項については先述したように、「戦力」の保持は許されない。でも自衛隊は戦力ではないから違憲ではないと説明しているのです。

以上アウトラインだけを紹介しましたが、市民の側から見れば、憲法学界の峻厳な世界に接近するのはむずかしいことです。そもそも大事な条文について、長年異なる学説が存在し続けていること自体がやや不思議。でもみんなで妥協しあって一本化するとか、現実の変化に対応して、軽やかに条文の解釈を変えようとかの軽率な態度は絶対に許されません。きわめて厳しい世界であると思われます。

このテーマでは山内敏弘『平和憲法の理論』（日本評論社）は定評のある学術書であり、清水雅彦「憲法研究者の平和構想の展開と変貌」（『日米安保と戦争法に代わる選択肢』）は近年の論考として市民が十分に理解できる平明さを持っています。多くのプロフェッショナルの絶え間なき努力によって学界が支えられていることが想像できます。一般市民が憲法研究者の声に出会える機会としては、全国憲法研究会の五月三日の講演会も意義ある場です。

自衛隊の災害救助活動をどう見るか

角度を少し変えてみれば、気持ちが楽になります。憲法学研究者の間でも九条についてのいくつもの学説があり、自衛隊の評価も分岐しています。現在でも憲法学研究者の約六割は自衛隊を違憲とみなしていますが、残りの四割はそうではない。専門家でも意見が分かれるぐらいですから、アマチュアである市民は自由闊達に討論を始めれば良いといえます。実際に自衛隊論について現実はそう動いており、学界とは隔たりが存在しています。

二〇一五年の内閣府の世論調査では九二％の市民が自衛隊について「よい印象を持ってい

る」と支持しています。自衛隊は違憲か否かという設問ではないので、自衛隊は違憲だが現状では認めざるをえないという立場も含んでの九割でしょう。でも明らかなことは、憲法学研究者の自衛隊違憲論によって市民が自衛隊の是非を意思表示しているとはいえないことです。護憲派内でも研究者の自衛隊違憲論で意思統一などはできない。研究者の意見やマスメディアの報道の影響も受けた上で、市民なりの物差しを持って自衛隊に向き合っているのです。

でも自分なりの物差しを持つことは大変です。身近に自衛隊基地や駐屯地があるとか、身内に自衛隊員がいる人は別にして、この巨大組織への具体的なイメージは持ちにくい。

九割の市民が支持している背景は明らかです。三・一一後の献身的な活動が共感と尊敬を集めたこと。北朝鮮や中国という近隣諸国の脅威によって自衛隊への期待が高まってきたこと。憲法違反で世界有数の軍隊であっても、がんばっているという信頼感が増していること。

もちろん批判派からは多くの反論が寄せられます。今後も情勢が変動すれば、自衛隊への支持率は変動していかざるをえない。海外派兵で犠牲者が出れば、世論も強く反応します。

災害救助での誠実な活動を市民の圧倒的多数が支持していますが、そもそも災害救助等の活動は自衛隊の「本務」ではないことが重要な論点です。また自衛隊だけが災害救助に従事しているわけではなく、消防庁や警察や多様な組織が従事しています。自衛隊の災害救助が長年の試行錯誤を経て現状に至っていることを忘れてはいけません。自然災害や巨大事故への対応についても、かつては多くの批判が存在していました。

とりわけ一九九五年の阪神・淡路大震災での自衛隊の活動には、多くの批判が投げかけられました。対応の遅れのみならず訓練も救出のための装備も決定的に不足していたのです。そのような批判を受け、教訓から学ぶことで、三・一一後の活動が行われたことは明らかです。現地で活動をした自衛隊員の努力については、私も感謝の気持ちを持っています。

しかし以下の事例も、一方では記憶されるべきです。一九七七年九月二七日に米軍機が横浜の住宅街に墜落した事件では、大火傷で重体の幼児などがいる現場へと自衛隊は救出活動に赴かず、パラシュートで脱出した米兵だけを救助しました。

一九八五年八月一二日の日航機墜落事故に際しては、墜落現場の御巣鷹山で多くの自衛隊員が遺体処理等のきわめて困難な作業に従事しました。しかし事故発生後の自衛隊の対応には多くの批判が寄せられています。墜落現場の確定が不自然なほどに遅れたこと。対応が早ければ、さらに多くの乗客を救出できたのではなかったのか。そもそもこの事故の原因については諸説があり、多くの謎が存在しています（最近の話題作として青山透子『日航123便墜落の新事実』河出書房新社、現場で取材した新聞記者の労作として米田憲司『御巣鷹の謎を追う』宝島社）。現場で必死の作業を担った自衛官の責任ではありません。自衛隊の中枢からいかなる命令が出されたのかが長らくヴェールに隠されていることが問題です。

こう見てくると、広範な市民が敬意を持っている自然災害や巨大事故での救助活動も順風満帆で現在に至っている訳ではない。日航機墜落事故が示すように、自衛隊という組織の重大機密を市民が知ることなど全く不可能だと痛感します。

自衛隊は昔も今も何とも悩ましい存在です。憲法九条を市民が自然に読めば、自衛隊は憲法違反だと思って何の不思議もありません。毎年巨額の防衛予算が捻出され、世界有数の水準を持った軍隊に見えます。それを戦力でないと説明する内閣法制局の答弁に、批判精神を持つ市民は納得できないものを感じ続けています。しかしながら、さらに悩ましいのは憲法の政府解釈を担ってきたこの内閣法制局が、一貫して憲法を蹂躙してきた組織とはいえず、立憲主義を尊重する上で行政機構の中での要となってきました。それだけに内閣法制局の解散を求める声は、護憲派の中からも提起されたことはありません。安保法制の制定に至る時点で、歴代の内閣法制局長官の何人もが立憲主義を尊重する立場から安倍内閣の暴走を憂慮する発言をしたことは記憶に新しいできごとです。

いや内閣法制局のみならず憲法違反の疑いが強い自衛隊そのものが、この日本社会に存在するどの公的組織よりも憲法にしばられ、憲法の枠内での活動を強いられてきました。もちろんその枠から逸脱しようという動きは存在し、秘密主義という体質を持ち、自衛隊員の尊厳が踏みにじられる現実は存在しましたが、憲法を全面的に蹂躙することは許されない存在でした。

このような矛盾を背負っている組織として自衛隊を認識することが求められています。自衛隊六三年の歴史に向き合うとき、その存在が決して単純明快でないことを自覚します。この時点で新たな問題提起は全く不可能だと思うほど、この組織への批判と論評は膨大な地層として堆積されてきています。

自衛隊の生い立ちはもう忘れ去られています。憲法九条で軍備不保持を明記させたのがGHQであるならば、日本に再軍備を指令したのもGHQのマッカーサーであり、一九五〇年の朝鮮戦争開始直後に旧軍関係者も重要な役割を果たして、警察予備隊が創設されました。憲法制定時に、日本国憲法は一切の戦争を放棄したのだと言明した吉田茂が豹変して、その動きに同調したことは明らかです。旧日本軍から継承している側面もある一方で（たとえば言葉について、杉山隆男『自衛隊が危ない』小学館101新書を参照）、再軍備への激しい反対運動に直面して軍隊と名乗ることはありえませんでした。護憲という建前を崩せない存在であることは市民の批判によって規定されています。同時に誕生から、米軍とは密接な関連を持っており、七〇年以降は一体化が公然と進み、現在では日常的に米軍との共同訓練をくりかえしています。

以上見てきたように、巨大組織である自衛隊は多面性を持っています。軍事という領域ゆえに秘密も多く、国民の平和と安全を守ることを謳いながら、何よりも米軍への貢献が求められています。市民を秘かに監視することも欠かしません。六三年の歴史の中で、夥《おびただ》しい自衛隊違憲論からの批判を受けながら存在してきたこの組織の全体像を、この時点で再検討することは可能なのでしょうか。初心者にすぎない私は以下の姿勢で臨みたい。

どれほど巨大組織でも、批判や疑問を躊躇するべきではありません。自衛隊は憲法論での論争点、盲点であると同時に、日本社会の最大級のブラックボックスです。でもそれを担ってきたのは普通の市民であることを自覚した上で、多くの人と問題意識を共有していきたい。《身近に自衛隊員がいますか。自衛隊関係者の生の声を聞いた上で、これまで自衛隊について意見を発表してきましたか。》

個々の自衛隊員がすばらしい人であっても、自衛隊全体をどう見るかは別物です。憲法についての判断は、人間の評価とは異なります。でも自衛隊員の存在を無視して、自衛隊全体を論じることには無理がある。安倍首相の改憲メッセージをはね返すためには、護憲派の自衛隊員への共感力が試されているとも言えます。

護憲派を指弾する声に向き合って

以上、憲法をめぐる論争点、市民にとっての盲点として二つの主題をデッサンしてきました。憲法制定過程と自衛隊は複雑な問題です。どちらも長年論じられながら、現在もその議論が終わらない。とりわけ自衛隊論は今後も永遠に続いていくでしょう。

自衛隊の印象を語るだけなら気楽です。でも歴史と実態をふまえて縦横に論じるのはハードルが高い。第一章で描いたように、護憲派は多様な人生体験と価値観を持っています。日常の仕事や生活に追われている人がほとんどです。二つの主題でも意見の一本化は望めません。

改憲派の市民が護憲派を論駁しようとしても、肩すかしを食うことも多いはず。護憲派の全員が論戦を好むタイプではない。もちろん改憲派の真剣さは否定しませんが、ふさわしい相手と論争していただくしかありません。ただ護憲派の対応はどのテーマでも多声的にならざるをえない。それが大事なポイントです。

たとえば、改憲派の人々が「押しつけ憲法だ」と批判すると「押しつけではない」との反撃が寄せられてくる。さらに耳を澄ましていると「押しつけで何が悪いの」という護憲派の異なる声も聞こえてくる。改憲派からすれば、「一体どっちなのだ」と当惑するばかりでしょう。

自衛隊が合憲か違憲か。自衛戦争を認めるのか否かという論点に対しても同様です。

安全保障政策に関しても、護憲派の一本化された案は存在していません。個々にはすぐれた論客がいますが、平和外交の力で戦争を起こさせない。九条の理念で平和を守るという立場が共通項でしょう。ただ改憲派からみれば、北朝鮮が危うい中で何を言っているのだ。護憲派の願いを語るのではなく、防衛や安全保障について語りなさいという反発になるでしょう。

護憲派への疑問を深める人は今後も減らないかもしれません。どんな問題についても、護憲派の誰に問えば責任ある答えが返ってくるかもわからない。護憲派にもの申すことは、まさに暖簾に腕押し。糠に釘だと。

それが偽りない実像でしょう。たとえば憲法学界は戦前・戦中・戦後と長き歴史を持っていて、抜群の見識を持つ人も多くいます。でもそれは学界を代表するという位置づけで、すぐれた憲法研究者が護憲派全体をリードしているわけではない。護憲派の市民は時にはその影響も受けながら、一人ひとりがそれぞれの判断で行動している。

でも護憲派にきびしく対峙する人は、納得しないでしょう。百歩譲って、日本国憲法の制定過程は学術的要素も強いので究極的には研究者の守備範囲かもしれない。だが自衛隊問題は逃げられないはず。安倍改憲構想が提示されている中で、なぜ意見を一本化できないのだ。そんな疑念を持つ人もいるでしょう。

さらなるお怒りを買いますが、その幅を持っているのが護憲派なのです。立憲主義の理解も厳密な一本化は不可能。さまざまな戦後体験を持ち、現実の生活世界では憲法よりさらに切迫した主題に向き合っています。自衛隊問題だけが分岐している訳ではない。しかし安保法制の下での海外派兵に反対することが一致点になりうるので、現時点では全くのバラバラではありません。その上でゆるやかな共同を保っていることが貴重なのだと考えます。そう申し上げるしかありません。

改憲派の人たちの困惑と怒りが目に浮かぶようです。

護憲派はもっと一枚岩になれ。そもそも勉強していない人が多いのは困る。憲法研究者などの本を読んで認識を一つにしてから、九条を守る運動に参加してほしい。一方ではそんなお叱りの声もあるでしょう。それに対して七〇代のある女性は次のように本音を吐露しています。

「それは無理ですよ。学者さんの本はとてもむずかしいもの。私だって暇ではないですよ。孫の世話があり、犬の世話もしなければならない。孫には本好きになってほしいけど、私はもういいの。おじいさんも『憲法よりメシだ』と言っています。でも孫たちが戦争に行くのは絶対に困るから、九条は変わらずにいてほしい」

性別や年齢は別として、同じ気分の人は多いことでしょう。この方の気持ちも否定できません。憲法を主体的に論じようという人が不勉強では困りますが、世の中には読書が不得手の人も数多く存在しているのです。護憲派の全員に勉強や読書を強要することはできません。

なお護憲派だけがバラバラなのでしょうか。そうではなく改憲派も多彩な意見です。九条三項などの自衛隊明記についても、今なお自民党改憲草案による国防軍規定が正しいと考える論者が数多く存在。潮匡人氏（自衛隊出身の評論家）は皇軍という名称を願っていたと述懐しています（『正論』二〇一七年六月号）。溯れば生粋の改憲論者である中曾根康弘氏などの存在もいれば、近年に護憲派から転じた改憲派も少なくありません。最初に改正すべき条文についての意見も多様。現憲法の評価も分岐しています。今世紀初頭での改憲論の諸潮流をどう見るかは、渡辺治編著『憲法「改正」の争点』（旬報社）が示唆的です。

安倍改憲構想への反撃に示されたこと

安倍首相の改憲メッセージが発表された直後に、護憲派はどう反応したでしょうか。さまざまな組織や個人が多様な角度から批判を開始しました。多くの論点について批判が表明されているのが特徴的でした。

たとえば立憲デモクラシーの会の五月二二日の記者会見では、自衛隊違憲論からの三項批判も発言されている一方で、その立場には立たない憲法学者から自衛隊の現状を肯定する中での三項批判も指摘されていました。両者の間に本来は論争が生じて不思議はありませんが、安倍改憲構想への批判が一つの角度に収斂されていない点が現在の護憲派を象徴しています。

二年前の安保法制反対運動の意義を確認しておく必要があります。自衛隊合憲説の憲法学者が毅然として反対の声を上げた。その主張にも励まされて全国で立場の違いを超えて、運動は大きく広がりました。長らく明文改憲を主張してきた人もその流れの中に加わっていました。立憲主義を破壊しようとする安倍内閣に沈黙を続けられないという思いでした。

その文脈からいっても、今回の安倍首相の構想には今後も多様な角度からの批判がなされていくことでしょう。総理大臣としての憲法遵守義務を踏みにじっていることも、二〇二〇年という期限を区切って東京五輪を政治利用していることも決して入口の議論ではなく、改憲構想の危険性を示す点としてきびしく批判されていくことが当然です。

もちろん九条三項への批判が本丸です。前記したように相異なる視点からの批判が存在しています。自衛隊を敢えて今さら明記する必要がどこにあるのかという批判が今後も焦点になっていくでしょう。

憲法改正問題の第一人者である高見勝利氏からは、日本国憲法はどの主題についても自由な改正ができるわけではない。国民主権、基本的人権の尊重、平和主義という基本原理については、安易に変更をすることは認められていないという批判も提起されています。これも引き続き重要な論点になっていくでしょう。

その上で、三項等の追加が一項、二項をいかに変容させるかという検討が必要です。それを敢えて実現するのは何のためか。なぜそれに反対しなければならないのかが問われています。

現段階では、自衛官を死に追いやるような事態を生み出さない。海外での武力行使容認に道を開く改憲は認められないという主張が、多くの人たちが共有できる立脚点だと思えます。以上の主張も、戦後史における自衛隊認識の一本化を前提にした議論ではありません。護憲派の中でも自衛隊違憲論と自衛隊合憲論は生き続けてきました。その上で安保法制については、自衛隊論の違いを越えて両者が批判しているわけです。

前文と九条は一体である

現在進行形の話題から、憲法の条文に話をもどしていきましょう。

九条とともに、前文が重要であるのは国際協調主義に立脚した平和主義の思想が提示されているからです。あまりにも自明のことですが、前文と九条をセットにしなければ平和主義を論じることはできません。

前文の冒頭では「政府の行為によつて再び戦争の惨禍が起ることのないやうにすることを決意し、ここに主権が国民に存することを宣言し、この憲法を確定する」ということで国民主権と平和主義という憲法の基本原理を位置づけているわけです。

続いて以下の条文が続きます。

「われらは、平和を維持し、専制と隷従、圧迫と偏狭を地上から永遠に除去しようと努めてゐる国際社会において、名誉ある地位を占めたいと思ふ。われらは、全世界の国民が、ひとしく恐怖と欠乏から免かれ、平和のうちに生存する権利を有することを確認する。」

この前文にどう向き合うかが問われています。全世界の国民が平和のうちに生存する権利を有するというのは、本当でしょうか。多くの人が理屈ではわかっていても、日常生活で実感し、そのために実践することは容易ではありません。

もう一三年前になりますが、熊岡路矢氏の論考を読んだことがあります（「私たちをいま現在「守っている」理念」『もしも憲法9条が変えられてしまったら』別冊世界、岩波書店、二〇〇四年）。そこにはまさに憲法前文の精神、平和的生存権を求め続けるというスタンスで、一九八〇年から難民支援活動を継続してきた経験が書かれていました。熊岡氏ら日本国際ボランティアセンターの人たちはインドシナ半島各地で傷ついていた人たちを救出しました。昔からその活動は耳にしてきましたが、憲法との関係を意識したことなどありません。この二〇〇四年の時点で氏が憲法前文を引きながら「この言葉を明確に意識して行動した人々も、そうではなく動いた人々もいるだろうが、その気持ちは、前文に書かれている考え方と呼応する」と書いているのが新鮮でした。自分たちの苦労や危険は書かれていませんが、それも十分に行間から伝わってきました。

一九七五年のベトナム戦争終結以降、南部住民を中心にして大量の人びとがボートピープルとして国外へ脱出。カンボジアではポルポト政権下で粛清と病死で数百万人が犠牲になり、その政権を後に打倒したのは敢えてカンボジア侵攻に踏み切ったベトナム軍だった。これらの事実にどう向き合うかは、ベトナム戦争に関心を持つ世代にとって難問でした。

平和主義の理想を、国境を超えて実現するのは容易ではありません。複雑なインドシナ情勢の傍観者であり続ける選択肢もあったはず。しかしながら、九条も前文も意識しながらインドシナの現実に向き合ってきた人たちの存在は、憲法前文で示された平和主義の具現化でもあったのです。国際人道活動の現場でも憲法の精神が息づいていた。遅ればせではありますが、今から十数年前に初めてそれが盲点だったことを自覚することができました。

憲法は人生と響きあっているか

さて護憲派、改憲派という定義だけで人間を一括りにすべきではありません。どちらも一枚岩にはなれず、各人が多様な思いを持って揺れ動いています。

憲法との関わりの中で、それを確認するのは新鮮です。憲法を論じた万巻の書物があっても、護憲派一人ひとりの思いを描く一冊は稀です（一例として、水島朝穂『憲法「私」論』小学館を参照）。それもそのはず、憲法は人生のガイドブックではない。市民の多様な思いを受けとめた解釈はありえません。

護憲派内の意見の違いをクローズアップすれば、改憲派を利するという配慮は運動の現場に存在していたことでしょう。そもそも国家権力を規制するのが憲法であり、護憲派内での多様なつぶやきなど些事にすぎないと考える法律家は多かったでしょう。

直裁な言い方になりますが、法律学は生身の人間にじかに向き合わねばならないゆえに、人間への関心を抑制せざるをえません。民法の第一編第二章の人についての条文も想起されます。人間の個性とか内面の思いなどを慮っていたら、成り立たないのでしょう。

しかし本書はこれらの通念に対して、ささやかな挑戦を試みています。

まずご自身の憲法との出会いを振り返ってみましょう。どんな時に憲法を愛おしく思い、訝しく思い、強く異議を感じてきたのかを整理してみるのです。護憲派、改憲派、中間派といずれの立場の方でも可能でしょう。

それは歩んできた時代を振り返り、憲法と自分との結びつきの強度を試すことです。ただこれは個人史という領域。その思いを周囲の人に押し付けないことが肝要です。

「自分はこんなに必死で考えているのに、息子や娘たちは不熱心で許せない」などと責めないでください。自分の気持ちが周囲の人たちに通じず、若い世代の心に響いていないことを含めて、冷静に受けとめる必要があります。

くどいようですが、一人ひとりの思いは人間としての思い。客観性を持つ科学的なデータとは異質です。九条に関わる客観的な存在としては憲法の条文と幾多の判例があるだけです。でもそれで本当に市民が憲法に親しみを感じられるのでしょうか。九条を守るために闘っていけますか。そうではないと敢えて宣言して、新たな道を見出していきたいと思うのです。

前出の内山奈月さんのように憲法の条文を暗唱できる人はきわめて稀でしょう。でも憲法一三条は覚えていても損はありません。

「すべて国民は、個人として尊重される。生命、自由及び幸福追求に対する国民の権利については、公共の福祉に反しない限り、立法その他の国政の上で、最大の尊重を必要とする。」

この条文に接して、さまざまな感慨に浸る方がいるでしょう。人生の岐路でこの一三条が万人に役立ってきたかというとそんなことはない。憲法とは悩める人への処方箋ではありません。

にもかかわらず、この条文は個人の尊重を規定したものとして、明らかに公権力を規制してきました。結果として人びとにとって一つの灯りになりえたケースも存在しています。

この条文と人生との出会いをみつめていくと、学ぶこと、働くこと、家族のあり方などにかかわって、良くも悪くも痛切に蘇ってくる場面がありますね。個人として尊重されるか否かは、人生の最重要問題です。

この憲法一三条に関わって、難しい問題が存在しています。これは幸福追求権を規定した条文ですが、「公共の福祉に反しない限り」との但し書きが明記されているので両者の関係をどう理解するかが鍵です。同時にこの条文は安全保障との関連でも意識されてきました。

近年、テレビでも大活躍する憲法学者の木村草太氏はこの条文を自衛隊合憲の根拠にしています。そもそも政府の憲法解釈がこの一三条を根拠にしてきました。幸福追求権の要として安全保障問題が位置づけられること自体は、否定できないことです。

二〇一七年は北朝鮮への米軍の攻撃が間近に迫っているという危機感が何度も強まりました。この間、九条改憲を主張してきた陣営には、北朝鮮や中国の脅威を強調する人が多く存在しています。尖閣諸島への中国の対応に危機感を持ったり、北朝鮮のミサイル発射と核開発が米国の先制攻撃をもたらすことに不安を感じたりする人たちです。

これらの問題について、尖閣問題には海上保安庁という警察力で機敏に対応し、より深刻な事態には自衛隊が限定的に対応することを是認する護憲派も少なからず存在しています。それ以前に外交上の努力で軍事的な衝突を生み出さないことが肝要だと主張しています。

しかしこれらの見立てでは、不安を払拭できない人も多く存在します。とりわけ北朝鮮の脅威について、九条では平和と安全を守れない。自衛隊と米軍を全面的に頼りにするしかないと考えている人も多くいます。

「心さわぐ」思いは九条にも向けられています。一三条ともつながっている人びとの安全保障に関する不安を払拭していくことができるでしょうか。護憲派にも盲点があるかもしれないと自問してみることも無駄ではありません。自らの認識について、一つひとつその有効性を確認していくことも大切だと考えます。

鬱蒼とした森に足を踏み入れる

安倍首相の九条改憲への決意は、多くの市民に怒りと不安をもたらしています。衆参両院の改憲勢力が三分の二を超すという憲政史で初めての局面が続いています。改憲を阻止できるかと憂慮する人もいます。だが決してあきらめることはできません。

安倍改憲構想を打ち破るために、問われていることとは何か。安倍政権がやがて終焉を迎える場合でも、護憲派に問われていることがあるのではないか。

単一の司令塔の号令で、短期間で一枚岩になれる運動とは対照的なタイプの運動です。ある程度時間がかかってしまう。でも急がなければならない事情があります。

私も九条を守りたい。ただオーソドックスな護憲論とは一味違うアプローチを試みたい。安倍改憲への批判と同時に、護憲派自身の新たな一歩が活路を切り開くことを期待しています。平和主義を前進させていく。古くて新しい課題です。前文と九条に示された平和主義を実現するのは容易ではない。平和主義の深化と九条を守る運動の現在を見つめ直すことをセットにすれば何かを見出せるかもしれない。

それらは護憲派自身にとっての難問と向き合う道です。改憲派でも護憲派でもない中間派の人たちが関心を持ち、不安を抱いているテーマと重なります。

次章では、敢えて鬱蒼とした森の中に足を踏み入れていきます。護憲派に重たい問いが投げかけられている現場での声に耳をすませる。さまざまな現場をみつめた上で、それでも九条を守る意味を見出していきたいと考えます。

もちろん現在は九条を守るために、厳しい攻防戦が続いている最中です。誠実に闘い続けている人たちを冷笑することはありえません。しかし新たなスタンスで憲法の平和主義を守っていく意義を、ともに考えていきたいものです。

第三章　多くの現場で、平和主義はきびしく問われている

本章では四つのテーマを中心的に取りあげていきます。護憲派の中でも多様な意見が存在している自衛隊問題、新任務として付与された駆け付け警護でさらにクローズアップされた南スーダン問題、辺野古新基地建設問題などで憲法がきびしく問い直されている沖縄、今春からにわかに緊迫感を強めた北朝鮮情勢。

四つのテーマに関わる現場はきわめて緊迫しています。これらの現場に向き合えば、「そうだ！　九条でいいのだ」という結論が出るとは限りません。本書の問題意識である「心さわぐ」どころか、憂慮すべき状況も存在します。でもその困難な現実に眼をふさぎたくない。前文と九条に示された平和主義をいかに実現できるのか。高いハードルに挑戦してみましょう。

1　自衛隊を論じることは難しい

防衛費の意味を問い直すことから

自衛隊問題について本項でもみつめていきます。国民の九割が自衛隊を支持している背景については先述しました。安倍首相が九条改憲で勝負をかけてきたのは、この現実も踏まえてのことです。

まず防衛費について、次のエピソードをどう考えるべきでしょうか。

二〇一六年六月のＮＨＫテレビ討論会（生放送）である党の衆議院議員が防衛費について「人を殺すための予算だ」と発言したことが反響を集めました。二日後に発言撤回し、党の要職を辞任しました。公党の人事に外野から口を挟むつもりはありません。氏は現在も衆院議員として活躍中です。私の問題意識としては、この発言がなぜ間違っているかを理解することは、広範な市民にとっては必ずしも簡単ではないと思います。その考察をすることは、市民の社会科として意味を持つと思います。

まず防衛費について、毎年の防衛費をどう見れば良いでしょうか。私は三七年前に恥ずかしい思い出を持っています。ある友人から、「君は防衛費増強に反対と言うけれど、防衛費の大半が人件費や維持費であることを知っているのか」と問い詰められました。

その時点で基本的なデータを知らなかったので赤面せざるをえませんでした。現在でも人件・糧食費四四％。維持費二二％という数字を確認できます。また基地対策費九％という数字も見逃せません。

これらの支出も含めて、防衛費自体が憲法違反であるとの立場から、かつて長らく提訴してきた市民も存在しています（原告側の敗訴）。自衛隊が世界有数の巨大な軍事力であり、米軍との連携をさらに深めている実像を検証することも強く求められています。

その一方でかくも巨大な組織を短期間で消去できません。災害救助隊に改組していく道も一朝一夕では不可能です。すべての防衛費に反対する世論が短期的に多数派になることは困難でしょう。

自衛隊は「人殺し組織」か

現在、自衛官の総数は二二万以上に達しています。通常の軍隊では人を殺すことを避けられませんが、自衛隊の場合は、戦場で一人も殺していない歴史がまだ継続されています。自衛隊発足前に、朝鮮戦争時の機雷除去作業で亡くなられた方はおり、朝鮮戦争時に中国に在留していた日本人が中国側で戦闘に参加した事例は知られています。ただ、その中に死者がいたことは確認されていません。

歴代政府が自衛隊について「軍隊ではない」ということと「自衛のための必要で最小限度の

実力」という説明をしたことは広く知られています。その結果として、自衛隊は長らく専守防衛という枠に縛られてきました。その背景に二度と戦争を望まない人びとと憲法九条が存在したのです。自衛隊の内部から憲法九条に抵触する決定的な動きを起こすことは不可能でした。

その上で現職自衛官の公務死が一八〇〇名に上る事実も記憶したいと思います。その一五〇〇名以上が訓練中に殉職しています。警察予備隊以降の歴史でかくも多くの隊員が亡くなっている事実を数年前まで知りませんでした。厳粛な想いを持たざるをえません。

また二〇一五年六月に防衛省が公表した数字では、イラク・インド洋に派遣された中で一二四人もが死去しているのが衝撃的でした。戦闘行為以外で多くの人が亡くなっていること、五六人もが自殺していることが明らかにされました。その死の重さについても改めて、心に刻んでいきたいと思っています。

しかし自衛隊問題についても、一人ひとりの存在をゆるがせにしないという視点と同時に、広い視野で見つめていくことが求められています。

その点で、自衛隊を違憲とする学説が多数派であった憲法学界の存在は、大きな意味を持っています。現在でも学界内で違憲派が激減したわけではなく、社会にも少なからぬ影響力を持っています。また砂川事件、恵庭事件、長沼ナイキ基地訴訟、自衛隊イラク派遣差し止め訴訟など多くの裁判で九条や自衛隊が問われたり、自衛隊へ異議申し立てする市民運動が続けられてきたりという努力が長年積み重ねられてきました。

現在は九割を超す国民が自衛隊を支持しています。それでは自衛隊を憲法違反と見なすことは無益だったのでしょうか。そうではなく、九条に正対する態度として真っ当なものでした。国会での政府答弁も参照してみましたが、自衛隊違憲論や自衛隊批判が存在することによって、それなりに抑制的な認識になってきたという側面は否定できないでしょう。

自衛隊に対して正面から疑義を呈してきた人たちの存在を忘却してはいけません。メディアや市民による批判と監視、学問的な違憲論の存在は、軍事という専門性を持つゆえに独走しやすい自衛隊を制御する上で貴重な意義を持ってきたのです。

兵士の命を救う究極の選択

さて南スーダンの陸上自衛隊に対して、二〇一六年一一月から駆け付け警護の新任務が付与されたのは決定的な新事態でした。この時点では、防衛費が「人を殺すための予算」にもなりうることは明らかです。しかし問題が複雑なのは、防衛費が一面では自衛隊員たちの「命を守る予算」でもあるという側面です。

その緊張関係のすさまじさを教えてくれた一例は、陸上自衛隊ＯＢの照井資規氏による論考、「銃撃とＩＥＤで四肢が吹き飛ぶ　戦闘外傷からのサバイバル〝駆けつけ警護〟自衛隊は戦死者続出！」（『軍事研究』二〇一六年八月号）でした。

軍事に疎い者として、本稿から現代の戦場での恐怖の一端を感受することができました。たとえば大腿骨を狙撃することが最も有効であること、ＩＥＤ（即製爆発装置）による爆破は効率的な殺人であり、駆け付け警護で直面せざるをえないことなどを指摘する内容に、強い恐怖にかられました。

照井氏は「兵器の殺傷能力と精度」が高まる中で、「防弾ベスト等の防護能力と救護能力」をいかに高めるかが死活問題であることも述べています。米軍は抗菌薬、鎮痛剤、止血剤の錠剤を備えた「Combat Pill Pack」を支給していますが、止血帯装着は一五秒以内。二分以内で止血。疼痛管理は二〇分以内が国際標準であり、それが命を救えるか否かの分岐点になっているとのことです。米軍では最新の個人携帯救急品↓止血帯を早く装着するために、防弾ベストの背面に装着しています。これらの点で自衛隊は明らかに立ち後れているとのことでした。

南スーダンも含めて派遣先で自衛隊員が先に攻撃して、相手の命を奪う危険性もゼロではありません。だがより大きな可能性は、相手の攻撃にさらされて生命を脅かされることでした。このような局面では、自衛隊員の命を救うためにも、防衛費が重たい意味を持つことは明らかです。現在の戦場を知れば知るほど、複雑な思いにならざるをえません。金を出し惜しみして、自衛隊員を危険にさらすことがあってはならないからです。

自衛隊の南スーダンへの派遣は野田内閣の時に開始されました。民主党（↓民進党）は昨年においても南スーダンからの撤退と駆け付け警護反対ではなく、自衛隊員救急救命法案を提出していいます。自衛隊員の命を救おうという趣旨での議員立法でした。

自衛隊問題への探求は続く

安保法制によって自衛隊員が戦死する危険性が強まっている一方で、国民の九割が自衛隊を支持している現実があります。自衛隊の現状をどう見つめていくのか。私は初学者として以下の点の重要性を自覚しています。

第一に、自衛隊は軍隊でないとする政府解釈を信じ込む必要はありません。巨額の防衛費が世界有数の軍事力を支えています。とはいえ憲法によって縛られている側面も事実です。違憲の自衛隊がたえず能動的に憲法を破壊して市民の平和と安全を侵害してきたと規定するのも一面的でしょう。バランスよく見ていきたいものです。

第二に、そのためにも自衛隊創設後の六三年間と現状に向き合ってきた専門家の仕事から学ぶことです。この主題は防衛省と自衛隊の動向だけでなく、憲法学、戦後史、日米関係、国際関係論、平和論など多くのテーマと深く連関しています。

第三に、国民的支持が多かろうと自衛隊の現状に無批判になることはできません。防衛費の急増も見のがせません。日米同盟の深化で米軍との一体化はさらに進み、最新鋭の装備は専守防衛の枠から大きく逸脱しています。災害救助などでの献身を国民は支持しており、海外での戦争に参加することを求めていません。識者が指摘するように、専守防衛の自衛隊に引き戻す努力が求められています。

第四に、自衛隊基地の増強は戦争への危機が煽られている中で進行しています。沖縄の石垣島、宮古島での動向も焦点です。かつて日本軍による住民殺害という凄惨な犠牲を強いられた沖縄。その八重山諸島や宮古諸島を舞台にして戦争への脅威が叫ばれていることに無関心でいられません。また沖縄以外でも、多くの演習地で実弾演習などが行われていること。オスプレイの飛行訓練が示すように、在日米軍の現状への緊張感も強めざるを得ません。

第五に、自衛隊問題での新たな試みとして、柳澤協二氏、伊勢崎賢治氏、加藤朗氏らによる「自衛隊を活かす会」の活動が注目されます。元自衛隊員が主宰する市民運動も誕生しています。他方で自衛隊を長年批判・監視してきた人たちも新しいアプローチで問題にとりくんでいます。多様な実践から学んで、護憲派としての安全保障構想を模索していきたいものです。

第六に、自衛隊員と家族にどう向き合うかです。自衛隊員を戦地で殺すなという闘いにこの間も少なからぬ元自衛官が参加しています。改憲を許せば、海外への自衛隊派遣が恒常化することは必至です。隊員と家族は沈黙を守り続けているなかで、生の声を引き出したいものです。

2　南スーダン問題をどう見つめるのか

駆け付け警護を問うだけで良いか

二〇一七年三月一一日、政府は南スーダンＰＫＯに派遣している陸上自衛隊施設部隊（第十一次隊）を五月末に撤収する方針を決めました。前年九月の時点から撤収を検討していたことが報道されており、一一月に「駆け付け警護」の新任務を付与したこと自体が大いなる矛盾でした。路上に死体が散乱し、銃声もしばしば耳にするような環境だったことは、第十次隊の日報にも記されていました。第十一次隊は四月一九日から帰国を開始し全員が帰国しています。

私も駆け付け警護には反対で自衛隊員の撤退を願ってきました。その一方で南スーダンの人道危機そのものに向き合いたいと思ってきました。昨年秋にＪＶＣ（日本国際ボランティアセンター）の谷山博史氏が「何よりも南スーダンの現実に関心を持ってほしい」と述べていたことが印象に残っています。

メディアによる報道は、現地の治安情勢に関する内容でした。自衛隊派遣の是非を問うことが論点であり、現地住民や避難民の日常を描く報道には出会っていません。現地情勢を考慮すれば、無理からぬことでしょう。

結果として、駆け付け警護への関心の高さとは対照的に、南スーダンの民衆は後景に退かざるを得ませんでした。ＪＶＣによれば二〇一六年度は市民からのカンパが多く寄せられたが、南スーダン自体への関心が高まったとはいえないようです。建国後まだ数年の国でなじみがないことも一因でしょう（南スーダン問題の背景について、谷山博史「南スーダンＰＫＯの本質と自衛隊新任務――連環する自然資源と紛争」『世界』二〇一六年一二月号を参照）。

南スーダン問題を通じて、ＰＫＯの現状がどれほど危険であるかは明白になりました。やはり軍事的な要素を含む活動からは撤退して、非軍事の民生支援に専念することが望ましいと思われます。ただ現地に派遣される人にお任せで良いのでしょうか。

戦後日本の平和主義を「一国平和主義」と侮蔑する論者に肯うつもりはありません。ただ一国平和主義に陥っていないかを顧みることは必要でしょう。憲法九条という理念が南スーダンの現地を変えていくことは不可能です。現地では食料や医薬品などが緊急に求められています。

世界の戦争や難民や人権侵害にどう向きあうのか。そのために何が必要でしょうか。海外での航空機事故の際にも、日本人の死者がいなかったという報道にひとまず安堵してしまうのが庶民のごく普通の反応です。「だれの子どもも殺させない」（安保関連法に反対するママの会）という思いをいかに育んでいけるでしょうか。自衛隊の撤退で南スーダン問題が終わる訳ではありません。

専門家の南スーダンとPKO認識

南スーダン問題についての復習になりますが、国連とPKOの現場を知る人たちがどのような発言をしたかを注目してみましょう。

川端清隆氏（元国連政務官）は、日本のPKO論議は憲法解釈や隊員の安全など内向きに終始していると指摘（「朝日新聞」二〇一六年一二月一日）。PKOは国家間の停戦監視から、平和構築をめざす内戦処理に移った。世界のどこで紛争が起きても他人事とせず、加盟国がともに立ち向かうのが国連憲章の精神で、PKOは試行錯誤しながら「危険の分かち合い」をして、紛争地の人々に向きあっている。その国連の視点を受けとめるべきという趣旨です。

今井高樹氏（JVC）は国会での意見陳述（二〇一七年二月二一日の中央公聴会）で、南スーダンでは軍の内部分裂や住民の暴動が存在して、虐殺が起きる可能性は少なくない。仮にNGOが拘束されても、武力ではなく話し合いで解決する方が安全。自衛隊派遣ではなく、紛争当事者間の和解の手助けが大切。PKOは軍だけでなく文民警察も大事な活動であり、行政機構や法律を整備する部門に日本は人を派遣すべきであると述べています。

伊勢崎賢治氏（東京外語大・平和構築論）は長年多くの現場での苦闘を通じて、国際貢献でも九条の存在が日本の強みであることを主張してきました。PKOについては、日本はそもそも派遣の資格を持っていない。自衛隊員の海外での人権侵害を裁く軍事裁判所も持っておらず、隊員の安全にも責任がとれない現状では派遣自体が間違いであるという主張です。ただ南スーダンの住民の苦難を思えば、自衛隊撤退に喜ぶだけで良いのかと護憲派にも疑問を突きつけています。

三氏とも国連やＰＫＯ、ＮＧＯの現場からこの主題に向き合ってきた人たちです。その指摘は重い意味を持っています。今井氏、伊勢崎氏の主張はとりわけ説得力があります。川端氏の主張は、ＰＫＯの覚悟を伝えていますが、この道を突き進もうとするならば九条の全面改正に直結してしまいます。


一方、政治の現場でも南スーダン問題は単純ではありません。「野党は共闘」という市民の声の高まりで共闘を続けてきた野党諸党にとっても、デリケートな問題です。

民主党・野田政権時代に南スーダンへの自衛隊派遣が決定されました。当時は現地の情勢には不穏な要素がなかったので、二〇一六年とは全く状況が違っていました。この経緯があるので同党は駆け付け警護の対象を日本人だけに限定し、自衛隊員救急救命法案を提出するという方向を追求してきました。

小沢一郎・自由党党首は国連の平和維持活動への参加で国際貢献を進めるというスタンスをかねてより鮮明にしており、駆け付け警護に反対ではありません。安保法制に反対した野党諸党の指導部も姿勢が微妙に異なっています。

多くの人が南スーダンで自衛隊員の死者が出ることを覚悟していました。手足を失った重傷者が帰国することもありうる。メディアで死者に寄り添った報道が溢れる中で、九条のために死者が出たというキャンペーンも予測できました。重傷者の中にはその後の鍛錬でアスリートになり、二〇二〇年パラリンピック東京大会に出場して、喝采を浴びる選手も出てくるという近未来を想像しながら、私も現地からの情報に接してきました。

軍事的活動から撤退する道

その予測が外れたことに安堵しつつも、今なお釈然としない想いがあります。駆け付け警護批判、自衛隊撤退という主張は正論でしょう。PKO参加五原則が崩れ去っているのに、駆け付け警護をごり押しした内閣の責任が問われます。その一方で、国連PKOや南スーダンの現場と日本社会との眼のくらむような距離について、その隙間を埋められていないという想いが残っています。南スーダンの人道危機に関心を向けてほしいというNGO関係者の声が、今も変わらぬ重みを持ち続けています。

図式的に言えば、日本が世界にどう関わっていくかについて、三つの道が存在しています。

第一は日米同盟をさらに強化して、自衛隊が米軍とともに世界中で運命を共にするという路線です。アメリカへの従属を極限まで進めるこの道を選ぶことはできません。

第二は、国連外交に徹して、国連憲章の精神をどこまでも体現するという道です。長らくこの道で国際協調主義を模索する人は多かったのですが、伊勢崎氏が指摘するようにPKOが交戦の主体になっています。人命の犠牲を覚悟しなければなりません。大きな隘路が横たわっているのです。もちろんそれが「普通の国」への道だという意見もありますが、その主張以前に日本はその参加資格を備えていないという現実があります。憲法によって軍事裁判所を持てない日本では、自衛隊員の法的地位も保障されていません。

第三は、危険性を増すPKOの軍事分野からは一切撤退して、軍事以外の分野で貢献する道です。難民支援、復興支援、文民警察官の派遣、行政・司法機構の整備など非軍事の民生支援です。この道を選ぶべきでしょうが、危うい局面が皆無とはいえません。派遣される当事者だけにお任せではなく、日本社会として支えていく回路をどう創るべきでしょうか。

三月に発表された自衛隊の撤収に際して、政府の方針が示されました。①東アフリカ地域機構を通じた監視活動など、政治プロセスの進展への支援、②宗教団体や青年団体など南スーダン国内の各種団体が国民対話に参加できるようにするための国民対話支援。③公務員の財政管理能力の構築支援。警察能力の強化などの人材育成。④食糧援助を含む人道支援。

自衛隊派遣ありきの方針を取り下げたこれらの方針は、「大きな転換」と今井氏も評価しています（JVCホームページ）。ただ今後の現地情勢も予断を許しません。四本柱が絵に描いた餅になったり、変質したりという危険性も存在しています。とはいえ政府の構想は歪んでいると決めてかかるのではなく、事実に即しての批判が求められています。

九条はプラスの意味を持ったか

九条との関係で、南スーダン問題をどう総括すべきでしょうか。

朝日新聞の谷田邦一氏と野村昌二氏の記事が、南スーダンに出発する直前の第九師団第五普通科連隊の訓練の模様を描き出しています。「戦闘活動と疑われるような訓練は絶対にするな」という防衛省からの指示があり、民間人保護のために銃撃戦で相手を制圧するという訓練は実現できなかったそうです。

イラク復興支援活動（二〇〇四〜〇六年）の際に、「迷ったら撃て」という指導の下に入念な訓練がなされたのとは対照的だったそうです。南スーダンでは「絶対に死傷者を出すな」という方針が強まり、国連の要請があっても危険が予想されれば、要請を受けないという幹部の感触が明らかにされています（『AERA』二〇一六年一二月一二日号）。

安倍首相も犠牲者が出た場合には責任を取ると言明していました。駆け付け警護への反対運動の高まりも、防衛省の指示と無関係ではないでしょう。安保法制の下でも、「先に撃つこと」を違憲とする政府解釈は不動であり、それは重い意味を持っています。九条が完全には空文化していないことは明らかです。

別の角度からの重たい問いがあります。伊勢崎氏が主張するように護憲派は自衛隊撤退で喜んでよいのか。人道部隊は住民の苦難を救うために派遣されたのではないか。この主張は、憲法前文を再読するまでもなく、胸に響くものがあります。かつてのルワンダのように、現地で大規模な殺戮が始まらないという保証はありません。南スーダンでは救援物資の略奪などが日常的に起こり、地域によっては物資の略奪ではなく、ただ相手を殲滅するための虐殺が頻繁に発生して、家々も焼き払われているそうです。ニワトリを殺すように子どもたちの命が奪われている現実が存在しています（今井高樹「南スーダンでいま、何が起こっているのか」『婦人公論』二〇一七年四月一一日号）。

ＰＫＯ活動を通じて世界では毎年多くの人が殉職しています。昨年は一三〇名を超えました。そのことの重さを受けとめます。憲法前文で明記された国際協調主義との関係で、日本の対応についての批判がないわけではありません。ただ一九四五年以降の国際的な戦後レジームである国連憲章とは異質の、徹底した非軍事の道を選ぶことが戦後日本の原点でした。九条を改正してＰＫＯ活動で軍事的活動に邁進する道は選べないという立場から、踏みとどまるしかありません。

アフリカへの想像力を持つ

憲法前文では、世界から紛争を除去することをめざしています。南スーダンには生命が脅かされている人たちがいるのに、護憲派は自衛隊派遣を批判しただけなのか。この国の現実には無関心だったのか。その問いの重さから逃れることはできません。

とは言っても、まず南スーダンを身近に感じられるかどうかが問題です。ＪＶＣ以外では長期間現地に人を送ってきた組織は存在していないようです。ＪＶＣのスタッフの現地レポートがこの間唯一の情報源になってきたこと自体、不思議なことですね。

市民としての関わり方としては、ＪＶＣへのカンパも有効です。谷山代表の話では、いくつもの団体が共同して「アフリカへ毛布をおくる運動」にもとりくんでいるそうです。

私は五〇年ほど前に、小学校の生徒会でビアフラ募金にとりくみました。しかしその後は飢餓や難民への募金以外でアフリカに関わったことはなかったと思います。心理的にも距離的にも大きな隔たりを感じます。若者ならば、ＮＧＯや国連での仕事をめざすのも一案でしょう。退職後も現役時代の専門を活かして、世界各地で貢献する人が少なからず存在しています。でもその条件を持たない者は何ができるのでしょうか。

アフリカへの支援について、共栄火災海上保険でのとりくみを知って驚きました。同社では一九九三年にある女性社員の発案で、バレンタインデーでの義理チョコを廃止して、西アフリカのマリの難民を支援するようになり、これまでに約三五〇〇万円を集めて医薬品の購入や水田作りなどが実現したとのことです。アフリカへの支援を日常の生活を無理なく見直すことで、四半世紀近くも継続してきた。そのアイデアがすばらしく、金額の多さにも驚かされます。

3　沖縄にとっての日本国憲法

辺野古や高江で何が訴えられているか

沖縄では辺野古と高江での基地建設に抗する闘いが焦点となってきました。『沖縄タイムス』『琉球新報』の二紙の報道はもとより、映画『圧殺の海』（藤本幸久・影山あさ子監督）『標的の島』（三上智恵監督）などの優れた作品があり、また終始闘いの現場に身を置いてきた作家・目取真俊さんのブログや新著『沖縄と国家』（辺見庸・目取真俊、角川新書）も抵抗の日々を伝えています。名護市の辺野古ではキャンプ・シュワブのゲート前で多くの人びとが連日座り込みで抵抗を続けています。

辺野古では二〇一七年四月に護岸工事が始まりましたが、現地での闘いは高齢者が先頭に立って意気軒昂に頑張り続けています。工事の完成などまだ遙か遠くのこと。十トントラック三四〇万台を使って、海を埋め立てるという計画があまりにも乱暴な話です。埋め立てだけで五年もかかるので、何よりもあきらめないことが肝心であると反対運動の担い手たちは励まし合っています。

辺野古の闘いに参加する人たちは多様性を持っています。環境保護からのアプローチも重要です。美しい大浦湾とその周辺海域の自然を守ることの意義は、現地でその自然に出会えば実感を深められます。ジュゴンは象徴的な存在ですが、絶滅危惧種二六二種を含む五八〇〇以上の生物種が存在しています。マングローブ林、干潟、サンゴ礁、泥場、海草藻場が存在している貴重なフィールドです。

また地方自治を貫き通す現場としても重要です。名護市民、沖縄県民が新基地建設への反対を意思表示しています。だが民意を顧みることなく国家権力は暴走しています。翁長知事や稲嶺名護市長の奮闘もあざ笑うかのように、基地建設強行のために手段を選びません。たとえば岩礁破砕をする場合に必要な県知事への許可申請期限が切れているのに、法解釈を蹂躙しても工事を認めるという信じられない事態が進行しています。

辺野古よりもさらに北部にある東村の高江は、やんばるの森の貴重な自然環境が保持される中で住民が暮らしてきました。しかし米軍北部訓練場が約四千ヘクタール返還されることの見返りに、六個所のヘリパッド建設工事が二〇〇七年から始められました。住民は当初から強く反対し抗議活動を続けてきましたが、二〇一五年には二個所のヘリパッドが米軍に提供され、オスプレイが飛行開始。二〇一六年七月には抜き打ちで残りのヘリパッド建設工事が強行的に始まり、一二月には北部訓練場の一部返還式が行われました。だが突貫工事ゆえに使用には耐えないものであることが報道されています。二〇一七年六月に座り込み開始十年の集会が現地で開かれました。一〇月一一日に米軍ヘリコプターが高江に墜落した事故は、ヘリパッド建設への住民の抗議と告発が正しかったことを証明しました。

辺野古・高江の闘いは、平和を求める現場でもあります。日米軍事同盟下で、新たな戦争の最前線の出撃基地として沖縄が位置づけられていることへの抵抗。戦争を許さず、憲法九条を守ろうという最前線の現場としても意味を持っています。辺野古への基地建設は普天間基地の単なる移設ではなく、より攻撃性を強める新基地建設であることは明らかです。

同時にこれらの闘いの現場では、表現の自由を求める人びとが苦闘しています。座り込みを続けている人たちは機動隊に強制排除されますが、工事を少しでも遅らせるために身体を張っています。リーダーの山城博治さんは逮捕され、五ヶ月という長期間拘留されました。この現場でも憲法は問われ続けているのです。

辺野古も高江も短時間で那覇から行ける場所ではありません。だが工事現場への資材搬入阻止行動や抗議行動に参加しようと、人びとは闘いを継続しています。全国からの支援者も少なくありません。現地を何度か訪れれば、長期間通い続ける人たちの肉体的精神的負担についても実感できるでしょう。

憲法が適用されなかった沖縄

沖縄と憲法との関わりを考えていきましょう。

沖縄に日本国憲法が適用されたのは、本土復帰（施政権返還）の一九七二年五月一五日。それ以前は日本国憲法から切り離されていました。そもそも一九四五年三月末に慶良間諸島、四月一日からは沖縄本島に米軍が上陸しており、この時点から大日本帝国憲法の適用外であったというのが専門家の通説です。

戦後民主主義は沖縄には存在しませんでした。復帰以前に憲法が適用されなかったことで、基本的人権には大きな制約がありました。

一九五二年のサンフランシスコ講和条約第三条によって沖縄は日本から分離されて米国の施政権下に置かれてきました。米軍支配がさらに継続されることで、日本国憲法の枠外としての苦難がもろにのしかかってきたのです。「銃剣とブルドーザー」で家や田畑を力づくで奪われた人びとの悲しみの中で、米軍基地はさらなる拡張と新設を続けていきました。人びとの抵抗は島ぐるみ闘争として結実していきました。一九五九年に宮森小学校にジェット戦闘機が墜落し児童や教師一七名が死亡したことは基地被害のすさまじさを示す象徴的な悲劇でした。理不尽な事件・事故が頻発して、多くの住民の命を奪われ続けるなかで人びとの怒りは沸騰し、闘いの方向性として後に祖国復帰を志向するエネルギーが強まり、平和憲法の下に帰ろうという訴えが多くの人たちの共感を集めるようになりました。

そもそも沖縄が米軍の基地の島になることを強いられた発端は沖縄戦です。一九四五年春に米軍が上陸して、沖縄戦を経て日本の敗戦後も米軍が沖縄に居座り続けました。

この米軍の存在が日本国憲法とも関わりを持っていることは、第一章に書きました。憲法九条は、第一条の象徴天皇制とセットです。昭和天皇の戦争責任を免罪して天皇制の存続を認めるが、二度と侵略国家にならないように九条で戦争放棄を宣言するという関係性です。しかし本土が非軍事を選ぶ以上、アメリカが基地を自由に活用できる沖縄は軍事的に特別な意味を持っていました。九条と一条さらに沖縄は、以上の文脈でセットになっているのです。だがこの構図は沖縄でもあまり知られてきませんでした。「九条との引き替えで沖縄を米軍基地の島にします」などと資料に明記されていないからです。なお本書が依拠している古関彰一氏らの著作について、進藤榮一氏の批判が存在します（進藤榮一・木村朗『沖縄自立と東アジア共同体』花伝社）。だがその批判が大いに有効であるとは考えていません。

もちろん天皇メッセージについては、沖縄で広く知られています。一九四七年九月（日本国憲法施行の四ヶ月後）に昭和天皇はシーボルトに、日本の独立回復時には米国による琉球諸島の軍事占領の継続を望むと伝えたのです。その理由とは、共産主義勢力の影響を防ぐためということでした。リアルタイムでこのメッセージが知られていれば、沖縄からも大きな怒りがわき起こったことでしょう。しかし資料の発見は三二年後でした（進藤榮一「分割された領土」『世界』一九七九年四月号）。

また前記したように、日本国憲法が真剣に審議された第九〇回帝国議会の時点では、沖縄県民の選挙権が停止されていました。沖縄の代表者が国会に不在のまま、憲法が制定されたというショッキングな事実があります。これも長らく多くの人が知らなかったのです。

沖縄問題に真摯に向き合った知識人に中野好夫氏がいます。しかし中野氏でさえも戦後しばらくは沖縄から遠ざかり、『祖国なき沖縄』（沖縄県学生会編、日月社）の序文を執筆する際に、一九五四年に沖縄の苦難を強く感じるようになったと回想しています（『沖縄と私』時事通信社）。

戦争の傷跡がどれほど大きかったかは明らかです。全国でほとんど唯一の地上戦を経験した沖縄で県民の四人に一人が亡くなったことは、人びとに深い苦しみを与えました。戦後は米軍支配への抵抗が続き、六〇年代はベトナム戦争下で米軍の出撃基地として全面的に活用される下で、多くの人びとによる激しい抵抗が続けられました。戦後日本の中でも飛び抜けた苦難に直面し、闘い続けてきたのが沖縄でした。

これらの歴史をふまえれば、憲法制定後の時期について沖縄で検証する余裕がなかったことは無理もないことです。資料へのアクセスも困難でした。実態としては、「銃剣とブルドーザー」の時期の試練に多くの人びとが直面することで、島ぐるみの闘いが展開されていきました。九条の制定と沖縄との関係性をたどることよりも、「本土」では日本国憲法の下で曲がりなりにも存在していた平和と民主主義を沖縄で実現すること。そのために日本国憲法の下に帰ろうという思いが後年に募っていったのでした。憲法への憧憬が強かった沖縄では、憲法九条の制定と沖縄との関わりという主題は意識されにくかったのです。

いま冷静に歴史を検証すれば、憲法九条が存在し続けたことは沖縄の苦難とも関わっています。しかしそれだからといって、憲法九条を全否定することはできません。九条は沖縄の人たちにとっても希望でした。戦後一貫して九条が最も踏みにじられてきた現場で、苦しみの中でも九条に希望を託してきた人たちの存在を裏切ることはできません。憲法九条の光と影については冷静に認識しつつ、「本土」の市民として何をすべきかを心に刻んでいきたいものです。沖縄と憲法との関わりを知る上で、沖縄県憲法普及協議会編『二一世紀版　わたしの憲法手帳』も必読です。沖縄の現実において憲法とはどんな意味を持つかを市民とともに考えるテキストです。祖国復帰の年に刊行されて現在も読み続けられています。

沖縄戦後史で問われてきたもの

今も全国の米軍基地の七〇・四パーセントが沖縄にあります。辺野古や普天間基地の影に隠れがちですが、嘉手納空軍基地周辺の住民が爆音訴訟を提訴しているように、米軍基地は沖縄にとって大きな重荷であり続けています。

「本土」の市民が沖縄の苦難にはたして向き合えるのか。そう問いかけると深刻になってしまいますが、辺野古や高江など闘いの現場を訪れて支援する人も数多くいます。辺野古基金には今や六億四千万円という寄金が寄せられています。以下では、そうした闘いの現場とはあまり縁のない市民が沖縄にどう出会えるかを考察していきましょう。

「本土」の広範な市民が身近に感じる沖縄は、魅力的な観光地としての沖縄です。癒しの島として見つめることへの批判は当然ありますが、最初に観光地として沖縄に出会うことは非難されるべきことではありません。

何度か沖縄を訪れる中で三線《さんしん》を習い始めるとか、島唄に惹かれるとか、沖縄の文化・芸能に夢中になる人は数多く存在しています。修学旅行で沖縄を訪れた若い世代の増加も無視できないでしょう。沖縄戦や米軍基地についても、全く無関心ということはないはずです。

沖縄に精通する市民にはまさしく釈迦に説法ですが、沖縄と「本土」との関わりをより長い射程で考察することが求められています。琉球王国の存在。薩摩藩による支配。琉球処分。その延長線で沖縄戦と戦後史を見ていくと、現在の沖縄についての視野も広がっていきます。

一九四五年六月二三日は、沖縄戦で組織的抵抗が終結された日。だがその後も戦火は続き、悲惨な最期をとげた人も夥しい数に上ります。もし一九四五年二月の時点で近衛文麿の進言を受け入れて昭和天皇が終戦を決断していれば、沖縄戦は避けられたのだ。にもかかわらず天皇は戦争の継続にこだわったという事実の重さを多くの人が痛切に感じています。

「命《ぬち》どぅ宝」ということばが人びとの心に刻み込まれたのは、苛烈な沖縄戦をくぐり抜けてのことでした。そして戦後レジームの問題点が最も鋭い形で突きつけられているのが沖縄です。「本土」との関わりを意識しつつ、本項のまとめとしてもう一度整理しておきましょう。

①日本国憲法は沖縄不在の下で制定された。九条が生き続けることは、米国が沖縄に堅固な基地を確保していることで可能になった。そもそも憲法制定議会から沖縄県民の代表が除外されるということの不当性を「本土」で訴えた議員はいない。なお県民の代表として、漢那憲和衆院議員の抗議だけが議会史には刻みこまれている（古関彰一「沖縄にとっての日本国憲法」『法

律時報』一九九六年一一月号、中野利子「忘れられた足跡　漢那憲和のこと」『世界』二〇〇五年一月号)。

②講和条約第三条で、沖縄は「本土」から切りすてられた。米軍の支配は凄まじく「銃剣とブルドーザー」で米軍基地は拡大していった。「本土」でも反基地闘争が進んだ一九五〇年代には、沖縄の苛酷な現実に向きあおうという人たちが登場してきた。ただこの五〇年代に「本土」の米軍基地は四分の一に減少し、沖縄の米軍基地は約二倍に増えている。

島ぐるみ闘争は、数々の基地被害や人権蹂躙と対峙しながら展開された。後に祖国復帰運動という方向で高揚していく。日本国憲法の枠外とされてきた苦難の中で、「平和憲法下への復帰」を求める声が高まる。同時にベトナム戦争の前線基地として、在日米軍が思うままに戦争を遂行する現場となった沖縄では、反戦の訴えが強まる(新崎盛暉『沖縄現代史　新版』岩波新書)。「本土」でも沖縄に呼応する闘いは広がっていく。なお「本土」から海兵隊が沖縄に移設されただけでなく、一九五〇年代から核兵器も大量に持ち込まれていた沖縄は基地の島としての重圧にさらされていくことになった。

③七二年の本土復帰で初めて日本国憲法が適用。施政権が日本に返還された後も極東最大の米軍基地は存続し続けた。平和憲法の下に帰ろうという祖国復帰は、むごいことに日米安保条約の下で最も深刻な矛盾を強いられる地域として歩むことを強要される道だった。経済的には長らく沖縄振興対策予算と基地経済に依存せざるをえない道が続いた。だが現状の沖縄経済は米軍基地に依存しているとはいえない。米軍基地を撤去しても沖縄経済の未来は展望できる。

復帰四五年の現在も基地被害・米軍犯罪は減少せず、日米地位協定の改定もなされていない。これが沖縄への差別に起因するという批判も高まっている。理不尽な沖縄への基地押しつけを許さないという一点で、保守・革新の枠を超えた「オール沖縄」という新たな運動が県民の闘いの中から生み出され今日に至っている。米軍の軍事戦略に則った最新鋭の基地である辺野古新基地建設を阻止できるか否かがまさに正念場を迎えている。

沖縄に出会ったのは一九六八年頃のこと。沖縄全軍労の組合員が米兵に銃剣を突きつけられている写真に強い驚きを受けました。闘いの先頭に立つ上原康助・沖縄全軍労委員長や瀬長亀次郎・沖縄人民党委員長に憧れを持った小学生として、「沖縄を返せ」という歌に出会っています。ただ大人になってからこの歌詞の本土中心主義を意識して、初めての沖縄訪問ではこの歌へのほろ苦い思い出も残っています。とはいえ歌詞の一部を変えた上で、今もこの歌は闘いの現場で歌われています。

二〇〇五年からは勤務先の出版社が訴えられた沖縄戦裁判で担当者の一人になり、沖縄戦の歴史歪曲を許さないために沖縄の人たちと奮闘しました。大規模な屋外の集会で短く発言した際にマイクを渡してくれたのは山城博治さんでした。

とはいえ沖縄に一度も住んだこともなく、今も沖縄問題の初学者にすぎません。せめて残された人生では、沖縄にまともに向き合い続けたい。もし「本土」の護憲派の人たちが沖縄への姿勢を変えるならば、少なからぬ力になることでしょう。

辺野古新基地を作らせない対案としての、新外交イニシアティブ（ＮＤ）という市民サイドから提起された構想。「本土」に米軍基地を敢えて持ち帰ろうという市民運動。沖縄独立論。これらの模索に対しても学び、妥当であるかどうかについても吟味していきたいものです。何よりも辺野古や高江の現場での闘いに向きあうことです。

「本土」と沖縄との関係を、沖縄差別として長い射程で捉える視点がこの間強められているのは当然です。しかし米軍基地問題の根底にある日米安保条約と日米地位協定は、沖縄のみならず全国で共通する主題。沖縄への差別を許さないという視点と同時に、日米安保体制の重圧という共通の標的に沖縄も「本土」も対峙していくという視点を持ち続けたい。九条を尊重する人たちが、沖縄への関心を強めていくことが何よりも求められています。

4　北朝鮮危機の中で

トランプ政権と北朝鮮

二〇一七年四月七日、トランプ政権のシリアへの武力行使は、シリア軍の化学兵器使用を根拠とするものでした。安倍総理は「化学兵器の使用を許さないとのアメリカの決意を支持する」と武力行使を是認しました。米中首脳会談中の攻撃は、北朝鮮問題で中国に責任を果たさせるという米国の姿勢を強調したものです。もし中国が努力しなければ、アメリカが乗り出すという姿勢を露骨に示すものでした。

トランプ政権の誕生で従来の「戦略的忍耐」という北朝鮮政策が変更されることは自明のことでした。シリア攻撃によって情勢は緊迫。北朝鮮危機が目前に迫りました。二〇一七年四月のテレビ各局はアメリカの北朝鮮攻撃が目前に迫り、北朝鮮からの報復として日本へのミサイル攻撃の危険性が少なくないという報道で視聴者の恐怖を煽りました。

トランプ政権の対応は危ういものです。もちろん北朝鮮に対する長年の「戦略的忍耐」の破綻は明らかで、ワシントンと平壌との熾烈な交渉によって獲得したものは反古にされ、北朝鮮の核開発には歯止めがかかりませんでした。過去二回の核危機と比較しても、対話が困難であることは明白です。だが武力攻撃の可能性を追求することは悪魔の選択でしかありません。

一九九三〜九四年の第一次核危機の時点から、アメリカの武力攻撃が何をもたらすかは明らかでした。北朝鮮への攻撃は、ただちに韓国への反撃となって凄まじい犠牲をもたらします。日本も標的となります。軍事的なリアリズムからいえば、アメリカの北朝鮮攻撃は無謀すぎてありえない。ただ軍事にも外交にも疎い新大統領が誤った決断をする恐れは皆無ではなく、メディアの過熱報道にも一定の根拠があったことになります。

北朝鮮問題と九条との関わり

北朝鮮問題と九条はいかに関わっているのでしょうか。北朝鮮から見れば、平和憲法を持つ日本が軍事的に米軍と一体であることは明らかです。アメリカが自国を攻撃してくるならば、韓国のみならず日本の米軍基地なども攻撃対象にする必然性があります。

ただ北朝鮮はミサイル実験などの瀬戸際外交によって、アメリカを外交交渉の場に引っ張り出すことが基本的な戦略です。核開発も主要にはその狙いの下で推進されてきました。同時に核開発抜きには、アメリカの軍事的脅威に対抗できないとの危機感がありました。もちろん金正恩体制への甘い見方は許されませんが、北朝鮮が日本への侵略や攻撃をたえずねらっているという脅威ではありません。その余裕と能力は存在していません。

二〇一七年八月以降もアメリカと北朝鮮間が再び緊張感を高めて由々しき事態が続きました。両国指導者の激しい挑発合戦をすべて真に受けるべきではありません。ただ軍事的脅威が増していることは明らかで、市民の不安も高まりました。安倍首相の姿勢は両国指導者を冷静にさせ、対話を通じて外交交渉につなげていく努力ではなく、トランプ大統領を百%擁護するという立場が露骨でした。その点で批判は免れないものです。ただ市民も焦燥感を強めています。武力行使だけは避けてほしい、対話こそが事態を打開すると願いつつも、北朝鮮が簡単に対話に応じるはずがないことを承知しているからです。重苦しい現実は今後も続いていきます。

そもそも北朝鮮危機とは核開発・ミサイル攻撃問題だけではありません。深刻な人道危機が存在する社会が北朝鮮です。拉致被害者の問題や北朝鮮国内の人権抑圧については、私も長らく憂慮してきました。

二〇〇二年、小泉首相の北朝鮮訪問と拉致被害者の帰国によって、拉致問題の解決を期待する世論は盛り上がりました。この課題の解決に向けて、第一次政権時から安倍政権に期待した人は少なくありません。だが結果は全くの期待はずれでした。かつて安倍氏は「こういう憲法でなければ、横田めぐみさんを守れたかもしれない」と発言したことがあります（「朝日新聞」二〇一三年二月一六日）。これが失当であることは、徴兵制度を持つ韓国にも多くの拉致被害者がいることからも明らかです。ただ九条論は脇に置いても、拉致問題で事態を打開してくれれば良かったのですが、今や被害者家族は置き去りにされつつあります。

現時点で北朝鮮との外交ルートの構築は至難のことです。かつての「日朝合意」で不審船問題などは鎮静化し、六ヵ国協議という枠組みへの期待が高まった時期も存在していましたが、その枠組み自体が後に頓挫してしまいました。金正恩政権では圧政がさらに進行して目前の核開発とミサイル危機への不安だけが強調されています。

安倍政権の北朝鮮への対応にいかなる落ち度があったのかは、現時点では明らかではありません。また政権の責任とは重さが全く異なりますが、隣国の人道危機に対して日本社会も非力であり続けたことを痛感します。九条に隣国の現実を動かす力はありません。護憲派が人道的介入に乗り出すわけにもいきません。北朝鮮国内では経済危機が続き、軍事優先の歪んだ政治の下で夥しい庶民が餓死し、脱北者として国外に逃れるという現実が続いてきました。

アムネスティを初めとしてその人道危機を訴える動きがあり、日本社会でも多くの模索がなされてきました。とりわけ北朝鮮難民救援基金という市民団体が脱北者の人道危機に向きあって着実な努力を続けてきたことに、私は共感してきました。また護憲派の知識人と市民も、かつては長らく北朝鮮との交流を続けて北東アジアの平和と和解への構想を提言しました。しかし現政権とパイプを持つわけではありません。緊迫する情勢の中で、平壌を訪問して金正恩政権と会談できる人はごく限られています。

もっとも北朝鮮だけを批判しようというのが、日本社会の総意ではありません。核開発についても、北朝鮮だけを悪者にできないという立場から、アメリカ、中国、ロシアも含めて核からの離脱を図る国際的な枠組を希求すべきとの指摘があることは傾聴に値します。

その上で、現在の隣国の社会と政治について圧倒的多数の市民が脅威と憂慮を感じているという事実は重いものがあります。長らく以前は左派の中で韓国の軍事独裁政権への批判が強く、北朝鮮への期待が相対的に強い時代がありました。七〇年代半ばまでは私もその影響を受けていました。その後、体制や国家の優劣ではなく、平和と人権の問題が重要だと悟りましたが、この四〇年間で両国が歩んできた道のりはまさに隔絶しています。帰国運動で北朝鮮に渡った何人かの消息を知りたいと思いますが、それもかなわぬ夢でしょう。

北朝鮮は憲法九条の存在を熟知しています。ただ護憲派は眼中になく、もっぱらアメリカを意識した上でのミサイル発射や核開発推進です。アメリカの武力行使が開始されれば、ソウルを火の海にする。日本の米軍基地や原子力発電所を標的にすると宣言しています。

集団的自衛権を全面的に適用する初事例となる事態も予測されます。北朝鮮からアメリカの艦船などに攻撃がなされた場合には日本の攻撃も合法になってしまいます。短期間の全面戦争につながる恐れもゼロではありません。戦争による避難民の存在も含めて、世界の枠組みが根底から変わります。九条の存在も完全に吹き飛ばされます。

それを回避するのは政府の責任ですが、護憲派も平和と安全を求める市民の期待に応えなければなりません。多様な角度からアメリカと北朝鮮に自制を求めて、外交への模索を行うように訴えるのが常道でしょう。ただ自衛隊を活かす会事務局長の松竹伸幸氏のようにそれを追求すると同時に、護憲派としても安全保障についての具体策を追求する論者が存在します。

いざ具体的な防衛政策を吟味すると、市民にも力量が問われます。Ｊアラートなどによる避難策が適切でないと批判することは必要ですが、ミサイル防衛などをどう見るかは難問です。原子力発電所や米軍基地への攻撃を阻むためには、原発や米軍基地を撤去するという主張は正当ですが、この数ヵ月の間に危機が切迫するかもしれない中で市民の安全をどう確保するのかが問題です。安全保障政策は国家の責任ですが、市民と野党との共闘による政権交代も長期的には全くの夢物語ではありません。何よりもこの北朝鮮危機こそが、九条との関連で市民が最も不安に感じていることなので、その文脈からも北朝鮮問題は喫緊の課題であり続けています。

以上駆け足で四つの主題をスケッチしてきました。各テーマには多くの専門家の仕事があり、それらを踏まえれば何倍もの分量にならざるをえません。あくまでも導入部という位置づけで、問題の所在と護憲派のスタンスを素描してみました。どの主題も複雑で奥行きが深いことを自覚します。憲法九条を讃えるだけでは問題解決につながりません。同時に憲法九条を投げ捨てれば解決することもありません。まして立憲主義を何度もふみにじってきた安倍政権の九条改憲に賛成できるでしょうか。鬱蒼とした森の中でも、その点は確認しておきたいものです。

現場で苦闘してきた個人、運動体が存在しています。その人たちの蓄積に学び、持続的に関心を持ち続けたいものです。それが前文と九条の平和主義を問い続けていくことです。

なお国連での平和主義への模索について追記しておきます。忘れてはいけない、二つの重要な話題を紹介しておきます。一つは、二〇一六年一二月一九日に「平和への権利宣言」が採択されたこと。この宣言では「平和を享受する権利」が個人にあることを定式化しています（第一条）。国家による軍事力の行使にブレーキをかけることにつながります。第二条には、これらの国家は「恐怖と欠乏からの自由を保障すべきである」とあります。これらの規定が世界各国での法的拘束力を持つわけではありませんが、大きな一歩です。

もう一つは記憶に新しいこと。二〇一七年七月七日、核兵器を違法化する核兵器禁止条約が一二二ヵ国の賛成で採択されたことです。これ自体はきわめて嬉しいニュースでした。

これら二つの動きは、九条と前文に示された平和主義に通じる理想を国際社会で実現していく上での画期的な前進。いずれも長年の努力の上で開花しました。核兵器禁止条約は北朝鮮問題の解決には無力であり、核廃絶という大目標に向かっても今後の長期的な努力が必要です。しかし未来に向けての巨大な一歩でした。にもかかわらず、驚くべきことにこれらの双方について日本政府は賛成しませんでした。

国連は平和主義を模索する第一線の現場です。日本政府の対応、とりわけ核兵器禁止条約への姿勢について国内外から強い批判が寄せられました。八月九日、長崎を訪れた安倍首相に対して、「あなたはどこの国の首相なのですか」と被爆者の川野浩一氏は厳しく問いただしました。被爆者としての怒りと落胆を思えば、この言葉は当然のことだと思われます。

なお太田昌克氏の『偽装の被爆国』（岩波書店）では、核兵器禁止条約に対する日本の姿勢の根底には「核の傘」と日米核同盟を守るという外務省の能動的な姿勢が存在していることを明らかにしています。被爆国でありながら、核同盟を機軸にして日米関係が構築されてきた。一方ではヒロシマ・ナガサキに言及しながら、外務官僚を初めとした政府首脳は九条をこれらの点でも蹂躙してきた。耐えがたいことですが、そのことの重みを広範な護憲派市民が自覚して、この文脈においても被爆体験は足蹴にされてきているという戦後史認識を持って、九条の精神を取りもどすことが求められています。

第四章　九条改正論からも学べる点がある

五日市憲法がより美しく見えた時代

東京都の西のはずれの五日市町（現在はあきる野市）や檜原村など広大な地域を、子ども時代に何度か訪ねました。東京のチベットと言われた数馬に宿泊して、南秋川の源流へと溯りつつ三頭山へという、今はもうルートがなくなった登山の思い出もあります。農民考古学者塩野半十郎氏を訪ねて、氏が焼いた素晴らしい土器を見せていただいた記憶もあります。

五日市憲法は社会科の教科書にも登場するので広く知られています。自由民権運動期に全国で作られた私擬憲法の一つですが、一九六八年に色川大吉氏が五日市町の深沢家の土蔵から発見しました。起草者は千葉卓三郎氏で、豊富な人権条項を持った先進的な憲法として一躍全国的にも注目されました。

一九八〇年代初頭に自由民権運動を現代に受け継ぐ市民運動が高揚しました。一九八一年秋の横浜の全国集会には四千人もが参集。きわめて感動的な集会でしたが、俳優の加藤剛氏のスピーチには万雷の拍手が寄せられました。この当時、五日市憲法は今よりもさらに輝く存在であったことが忘れられません。時は流れ、明治維新一五〇年の二〇一八年には明治を顕彰する動きも進められています。安倍改憲構想とどう連携するのか注視が必要です。

さて日本国憲法施行から七〇年間に、多くの改憲論が提起されてきました。政党、財界、メディア、個人、市民運動など主体はさまざまです（その主要なものは、渡辺治編『憲法改正問題資料』全二巻、旬報社）。後年になれば、かつては土蔵から私擬憲法が見出されたように、保存されていたデータから素晴らしい憲法案が発見されるかもしれません。現憲法の理念を活かすために改憲するという護憲的改憲の提案も長らくかなりの数に達しています。以下では井上達夫氏（東京大学教授）、加藤典洋氏（文芸評論家）などの主張を紹介していきましょう。

護憲派の立場から九条改正案をどうみるかを、愛敬浩二氏（名古屋大学教授）が二〇〇六年に『改憲問題』（ちくま新書）で言及しています。物語性を持つ秀逸な同著で、護憲派憲法学者としての豊かな学識で読み込んでいます。また『日本国憲法「改正」史』（日本評論社）の著者で、護憲派の重鎮である渡辺治氏（一橋大学名誉教授）は、『日米安保と戦争法に代わる選択肢』（大月書店）において、簡潔な形ですが何人もの論者の議論を紹介しています。

ただ両氏は憲法の専門家で、九条を守る運動での重責があります。改正論についてごく簡潔な応答しかできない事情があります。両氏の応答に落ち度があるわけではありません。本章は敢えて改正論から学べる点がないだろうかという問題意識で紹介させていただきます。

安倍首相の改憲メッセージは、以下で紹介する知識人の改正論に準拠している内容ではありません。新九条論もより具体的な内容です。たしかに九条改正論を護憲派は警戒しますが、国民投票においても現時点では政府案に賛成か反対かの二者択一という投票方式です。改憲か護憲か学者グループの改正提案かの三つの選択肢が存在するわけではありません。

いかなる現状認識と問題意識で改正案が提起されたかを知りたいものです。その主張に護憲派への批判が含まれていることは当然。それを覚悟して極力その主張に向き合ってみたい。九条論を豊かにしていくきっかけにできるでしょうか。九条改正が必要かもしれないと譲歩するつもりは全くありません。ただ闘う相手は安倍改憲構想であって、知識人・ジャーナリストの改正論とは対話を深めることを模索したいと思うのです。

なお自らは憲法改正案を構想できるはずがありません。多くの改憲構想にもさして強い関心は持ちませんでした。ただ一つの萌芽として記憶に残っているのは、イラク戦争開始から日が浅い時点で、自衛隊の海外派兵を今後食い止めるために市民の側から九条を改正する必要がある。九条三項を必要とする人も含めて、九条を実質的に守る運動を構想すべきとの問題提起を耳にしたことがあります。その三項は、自衛隊の任務を災害救助と専守防衛に限定するという趣旨だったはずですが、改正案は見ていません。これも護憲的改憲論への模索でした。

井上達夫氏の九条批判をめぐって

さて法哲学の第一人者である井上氏の著作は学問的な威信を持っています。妥協なく論争する姿勢が際だっています。氏の九条論は改憲派と護憲派に厳しい問いを投げかけています。九条を愛する人たちにはいささか刺激が強い内容です。

氏の九条認識の出発点は、戦後憲法学界の多数説（氏は原理主義的護憲派と呼ぶ）と相通じる内容を持っています。「自衛隊・安保（条約）は専守防衛の枠内であっても違憲と言わざるをえない」。九条の思想は非軍事・非戦の絶対平和主義であるとしています。それゆえに内閣法制局が採ってきた「自衛隊は九条二項が禁じる戦力ではない」を明白な解釈改憲として批判しています（井上達夫『憲法の涙――リベラルのことは嫌いでも、リベラリズムは嫌いにならないでください2』毎日新聞出版）。

護憲派への批判としては、集団的自衛権行使容認という安倍政権の解釈改憲は批判しながら、内閣法制局の解釈改憲を黙認ないし是認してきた。そして本来護憲派には値しない修正主義的護憲派と妥協している。二つの護憲派グループは、憲法解釈で一致しているのではなく、政治目的で野合しているだけだ。このような護憲派の姿勢、都合のいい解釈改憲なら認めるというのは欺瞞そのものであり、立憲主義を毀損するものだととりわけ原理主義的護憲派に対して、きびしい批判を加えています。もちろん改憲派に対しても独自にきびしい批判をしています。

その上で九条を「護憲派・改憲派双方の欺瞞の隠れ蓑になっており、立憲主義を蝕む病巣」

と断罪しています。この評価をどう見たらよいのでしょうか。

九条を優先するのではなく、立憲主義を尊重するのが氏の立場です。法哲学者としての責務は、立憲主義の核心をつかむことだと述べています。

注目すべき主張は、「九条削除論」です。九条を愛する人たちが衝撃を受ける内容ですが、安全保障体制を憲法で特定すること自体に反対し、民主的立法過程で論議するべきという主張です。すなわち現行の九条では、安全保障の基本を「非武装中立」に凍結している。それが容易に変えられないから、右も左も解釈改憲で対応し、結果として九条を死文化させている。安全保障問題は、外部環境にも依存するので「憲法で凍結するべきではない」。武装中立か非武装中立かという戦略は憲法マターではない。ゆえに削除すべきであるという主張です。

日本の現実、憲法施行七〇年の重みを考えれば暴論に思えますね。しかしこのように安全保障政策を憲法で定めず、国会で議論して決定する道も不可能ではありません。

また氏の提案は全く無防備とはいえません。濫用されないための戦力統制規範を憲法の中に入れる。良心的兵役拒否権を認めると主張しています。開戦決定は事前に国会の承認が必要、シビリアンコントロールも憲法に規定すべきことを示しています。

ただ建国直後であればともかく、憲法施行七〇年の重みを持つ国がこの時点で新方式を採用できるのか。それは激変を伴います。現在の国会と国会議員に安全保障政策について内実のある議論を期待できるか。政権ごとの判断によって安全保障政策が頻繁に変わりうるのは危険ではないか。安全保障政策を憲法に書きこまないことは、憲法が平和のための規範力を持たないことになるが、それで良いのか。当然それらの危惧が出てきます。

その種の懸念を想定した上で、敢えて氏が提案したのは九条の現在を深く憂慮するからです。自衛隊の海外派兵が恒常化している現在、九条の存在では歯止めが利かなくなっているという状況認識です。イラク戦争への自衛隊派遣が大きな分岐点で、日本を交戦の当事国とする決定的な新事態でした。九条が決定的に蹂躙されている。立憲主義が侵害されているという危機感による構想なのです。

九条の存在によって日本は戦争をしていないという護憲派の議論を、氏は謬論として強く拒絶しています。なお九条削除論が無理ならば、専守防衛としての自衛隊を明記するなどの護憲的改憲論で良いというのが氏のスタンス。前記した愛敬氏との『法の理論』誌上での論争も存在しています。

もちろん護憲派から反論は可能です。今でも先に攻撃することは違憲である。九条は蹂躙されても、自衛隊員が戦場で一人も殺していない意味は小さくないという反論です。

井上氏の九条削除論が多数の市民に支持されることはないでしょう。護憲派としてその提案を丸呑みできないことも当然です。一方で氏の九条批判の中に、護憲派として傾聴すべき主題も存在していると思われます。立憲主義論や戦後レジーム論として、学ぶべき点を学びとりたいということが本章の眼目です。

たとえばもう四年前に氏が以下のように語っていたことが印象的でした。

「護憲派は憲法を『凍結』させて九条の条文を守ればいいという甘えから脱却し、九条の思想を現実の政策に反映させるべく、民主政治の闘技場に自らの足で立ち、不断に闘うべきです」（『朝日新聞』二〇一三年一〇月二六日）

護憲派にとって、最高の叱咤激励ではありませんか。まずこの点について護憲派の奮起が求められていることを自覚した次第です。

加藤典洋氏の九条改正論について

著名な批評家である加藤典洋氏の『戦後入門』（ちくま新書）も広く読まれてきました。この間は長らく憲法九条を支持してきた氏が、護憲から脱して左派的な改憲を提起した書です。現状についての危機感を「自民党政権の徹底した対米従属主義の外装のもとでの復古型国家主義的な政策の追求に、何としても歯止めをかけたい」と披瀝していますが、少なからぬ護憲派の問題意識とも重なり合っています。なぜ十年前には護憲で、今回は改憲に転じたかも注目されますが、まず同書の概要をお伝えしましょう。

六三〇頁を超える大著の約半分は二〇世紀史論です。その流れで戦後日本を位置づけるという気宇壮大な構成です。細部の評価で留保したい点、認識を異にする点を多くの読者が感じるでしょう。以下の三点の提言が大事です。

①自衛隊を改組し、二種類の軍隊組織を持つ（国連待機軍と国土防衛軍）。

②非核三原則の拡大版を九条に付加、ＮＰＴとは真逆な方向で核使用を不可能にする。

③九条に外国基地の撤廃条項を入れる。

これらの論点は独力での着想ではありません。戦後思想をたどり、幾多の問題群と出会いながらの提案です。平和問題談話会の存在意義を高く評価し、約四半世紀前のロナルド・ドーア氏の構想を継承し、フィリピンでの米軍基地撤去運動についての松宮敏樹氏の著作、その仕事を参照した矢部宏治氏の構想を活かしている点も注目されます。

現実が動いているなかで個々には違和感を持つ点もあります。平和問題談話会当時の知識人や論壇の影響力と現状では様変わりしています。国連中心主義の輝きも四半世紀以前と現状での乖離は大きい。一方では核兵器禁止条約などめざましい変化もありました。

憲法前文の平和主義に立ち戻る意義を強調している点に共感します。最大の注目点は外国基地の撤廃条項についての提案です。

これは一九八七年のフィリピン憲法改正による米軍基地の撤廃という事例にモデルを見出したもの。憲法改正で米軍基地の撤廃条項を織り込み、一九九一年に米比軍事基地協定が満了した後、所定の条件を満たさなければ、それ以後は外国軍事基地の設置を許可しないという方向性が打ち出されたのです。こうしてフィリピン上院では九一年に基地撤廃を決定。アメリカの恫喝に負けず、フィリピンの指導者は意志を貫きました。九二年にはスービック海軍基地からも米軍が撤退したのです。

日米同盟を不動の前提とする議論が多い中で、この提案を実現するならば沖縄の米軍基地撤去への道が構想されることになります。それだけに大いなる関心を抱く人が多いでしょう。

一言で言えば、九条を守るのではなく、九条を強めること抜きには平和を守れないという問題意識での改正案です。この基地撤廃条項が改憲に向けた政府案に盛り込まれるならば賛成したい人は多いでしょう。なお新九条論を提唱する今井一氏の改正案にも、米軍基地撤去を展望した一つの項目が規定されている（各議院で総議員の三分の二以上の賛成と、設置先の半径一〇キロ内の地方公共団体の住民投票で過半数の同意がなければ、他国の軍事施設は設置できない）ことを紹介しておきましょう。

ただこれらの提案を実現することは容易ではありません。国会で三分の二の賛成を得られるかが問われるのです。以下のエピソードも参照していただければ幸いです。

フィリピンでの闘いの現場を垣間見た者として

一九八五年八月、マルコス政権末期にフィリピンを訪れた経験を持っています。現地のカトリック教徒や反基地運動の関係者に支えられたスタディーズツアー。独裁政権を倒そうという人びとの集会とデモに参加することも、大事な目的でした。日本でこの種の現場を長年体感してきた者としても、強い驚きを感じたのは集会参加者の集中力と熱気でした。長時間の集会でも緩んだ雰囲気は感じられません。老若男女が参加していますが、とりわけ若者の圧倒的なエネルギーがあふれていました。

「バヤンコ（我が祖国）」というタガログ語の歌がまさに象徴的でした。このフィリピンの准国歌の前奏部分が流れるだけで、集会やデモの空気が変わってしまいます。歌詞は、黄金と花の国であるフィリピンが異国の圧政の下で苦しみにあえいでいる。だが解放を求めて、悲しみを乗り越えて人びとは歌うという内容です。哀愁を帯びたメロディーが情感に響くこともあって、人びとの心は一つになることが感じとれます。

デモが始まると、隊列は警察の規制を受けず解放感に満ちあふれていました。歌も笑顔も日本の行進とは一味違っています。ところがデモ隊がマラカニアン宮殿の前に近づいた時に、状況が一変。隊列が乱れて前方から脱兎のごとく群衆が逃走してきました。死に物狂いの形相です。訳がわからずに私たちも後方へと逃げ出しました。

デモ隊の前方で、マラカニアン宮殿の警備兵が（人びとは海兵隊だと叫んでいました）銃を構えて発砲しようとしたらしい。躍動する行進が、受難と紙一重であること。デモ規制はなくても、平気で銃口を向けてくる怖さを初めて体感しました。

後日にスービック海軍基地に向かって小舟で見学に行きました。私たちが上陸したのはオロンガポ。米軍基地の街として訪問前から意識していたのは、九歳から一四歳の少女が一万六千人も公認売春婦として登録されているとの情報でした。ごく短時間の訪問でこの町の印象を記すことは控えようと思います。

帰路が忘れがたいものでした。乗船後に短時間で闇に包まれる中で、波も高くなってきました。海に慣れない者には、うねり自体が初体験です。小舟が翻弄されているようで生きた心地がしませんでした。一時間以上もかかってようやく浜辺に到着した時に心から安堵しました。私たちを出迎えるように、水揚げされたばかりの銀色の太刀魚が小さなライトに照らし出されてキラキラと輝いていた。それがこの上なく美しい情景だと思われました。

この半年後にピープルズパワーがマルコス独裁政権を打倒。オロンガポの現実も含めて、耐えがたい現実を受け入れてきた人びとが社会を根底から変えたことに心から感動しました。フィリピンを注目してきた一人として、加藤典洋氏、矢部宏治氏が注目した松宮敏樹『こうして米軍基地は撤去された！』（新日本出版社）も刊行時に読了しています。

それゆえフィリピン民衆の闘いに学ぶ意義については深く了解しています。当時の現地でのエネルギーたるやすさまじいもので、彼我の間に巨大な差違があることを認めざるをえない。日本社会にその闘いを切り開く主体が存在しているのかどうか。安保体制への批判を続ける加藤氏に敬意を表しつつ、自らもこの問いに向き合っていこうと思います。

以上、井上達夫氏、加藤典洋氏の論考のごく一部を紹介しました。その全体像はぜひ主著で確認していただきたいと思います。立憲主義や日米安保体制の現状への危機感のゆえに、これらの仕事が存在します。九条改正という一点だけで裁断できません。戦後レジームにいかに対峙しているかという点でも、学ぶべき内容を含んでいます。

護憲派も対案を示している

一方、護憲派の側からの平和構想も山並みとして存在しています。深瀬忠一氏らの『平和憲法の創造的展開』（学陽書房）など憲法学界での集団的著作が何冊も存在しており、いずれも必読です。最近の注目すべき論集には、『立憲的ダイナミズム』（［責任編集］水島朝穂、岩波書店）があります。また雑誌『憲法問題』（三省堂）を参照することで、憲法学研究者の問題意識の推移をたどることが可能です。憲法学界を批判するのは自由ですが、ぶ厚い研究の蓄積を持っていること、学界内外からの批判にも正対しながら歩んできた軌跡は知っておかねばなりません。

さて最近の著作において二冊だけ紹介させていただきます。水島朝穂氏は、軍事に精通した憲法研究者として著名です。ホームページ「平和憲法へのメッセージ」は、安倍政権論も含めて最新の情報が深い視点で紹介されており必読です。『ライブ講義　徹底分析！　集団的自衛権』（岩波書店）は本来自衛隊違憲論の立場である氏が、敢えて自衛隊の解編ではなく、一九五四年の政府解釈のラインに自衛隊を引き戻すというスタンスで執筆。政府解釈の「自衛力合憲論」と安倍首相の集団的自衛権の行使合憲化は全く整合しないことを主張しています。

「軍事力によらない平和」をめざす提案は具体的です。防衛費圧縮によって、消防ヘリのドーファンⅡ（一機一二億五千万円）を購入できるという指摘。戦車、水陸両用車用車両、オスプレイ、イージス艦、F-35、ドローンなどについて個々の問題点を指摘。その上で求められる平和への指針として以下の三点を挙げています。

①仲裁・交渉・和解の国際的システムの発展。これは国連の集団的安全保障もその一つで、地域的集団安全保障の仕組みを発展させることも重要な課題です。

②『平和のエンジンブレーキ』。これは軍事力による「急ブレーキ」ではなく、紛争当事者の内部に平和的な世論をつくり出す。市民やNGOも重視した路線です。

③平和の根幹治療。差別、貧困、人権侵害などの紛争の火種をなくしていくことです。正しい意味での積極的平和主義の具体化ということです。

渡辺治・福祉国家構想研究会編『日米安保と戦争法に代わる選択肢』（大月書店）は論争的な一冊です。二〇一五年の安保法制に反対する闘争は、安保廃棄派と安保と自衛隊を維持しつつ平和をめざすというリベラル派との共同行動として全国に広がりました。本書はその闘いを継承するために多角的な視点を提示。戦後史、憲法論、社会運動論に関わる重たい問題群に正面から対峙した論集です。安保廃棄派とリベラル派との共同を今後も展望しつつ、リベラル派の議論を精緻に分析し、率直に批判している点が特徴的です。

とりわけ新九条論やリベラル派の孫崎享、寺島実郎、柳澤協二各氏の安保条約観が俎上に上げられており、複雑な読後感を持つ人もいるでしょう。諸潮流が自説を述べあうことを避けて良いのかという鋭い問いかけが感受され、胸元に剛球が投じられてきたというのが読者としての第一印象です。渡辺氏がきわめて広い視野で憲法を論じられる第一人者であることは言うまでもありません。井上達夫氏の護憲派への一喝に対する応答でもあるように思えました。

ただ市民の大半が安保体制を支持する現実にいかに楔を打ち込んでいくかについては、本書から学びつつもさらに具体的な知恵と斬新なアプローチが求められていることを痛感します。

以上の二冊の本は九条を考え続ける人たちにとって、学習会のテキストとして必読でしょう。

多くの安全保障構想に寄せて

いま憲法九条を論じ、平和や安全保障を構想することは、九条を美しく正しいと讃えることだけではありません。戦後日本とは、憲法九条が花開いた順風満帆の歳月ではなく、安保条約や自衛隊との関係性を見ても限りない矛盾を背負った歳月でした。その矛盾をどう突破するのか。世界の現実にどう向き合うかは、あまりにも重たい問題群が山積しています。その上で憲法の重さについて、九条が果たしてきた巨大な役割を理解することも求められています。

九条改正案を提起することは、憲法史の片隅に刻まれていく知的挑戦です。九条をきびしく批判する者が、すさまじい反批判の対象になることも避けがたい。九条の改正など絵空事だと一蹴するのは簡単ですが、源にある問題意識まで全否定することはできません。それと同じく、九条を守る立場で平和や安全保障を構想することも創造的な仕事だといえます。

学ぶ意欲さえ持ち続けるならば、誰でも多くの論者から学んでいけます。本書の冒頭に店頭に並ぶ豊富な食材について言及しましたが、憲法や平和・安全保障を学ぼうと思えば、きわめて多彩で力量ある書き手が数多く存在しています。これも日本社会の豊かさでしょう。

本章で著作を紹介できなかった方の中で、私が日頃から知的刺激を受けてきた論者について順不同でご紹介しましょう。ただ膨大になることを避けるために、狭義の憲法研究者の方は断腸の思いで割愛させていただきました。なおその論者の九条についてのスタンスは多様です。

今井一氏は新九条論の代表的論者であるジャーナリストで、住民投票の専門家。現行制度の問題点もきびしく批判。憲法改正国民投票について長らく積極的なアプローチを試み、国民投票によって立憲主義を守るというスタンスを鮮明にしています。護憲派が政府の憲法解釈に妥協的であるとして、解釈改憲への批判を強調しています。

伊勢崎賢治氏はNGO、国連など平和構築の現場で長年重責を担ってきました。東チモール、シエラネオネ、アフガニスタンなどです。当初は護憲的改憲論の立場でしたが、後に九条のブランドが国際貢献の現場で生きることを主張。最近は自衛隊を海外派兵する資格が日本にないことを九条の欠陥としてもあぶり出し、護憲派批判を再び強めています。新九条論を提唱。

柳澤協二氏は元防衛官僚として、イラク派兵を推進しましたが、後に真摯に自己批判。第二次安倍政権の暴走や自衛隊の海外派兵に対して正面から批判し続けました。一国の安全保障政策を担った立場から、専守防衛の自衛隊と立憲主義の回復を主張。九条への自衛隊明記を急ぐよりも、自衛隊が何をどう守るかを明確にすべきという立場です。

加藤朗氏は、国際政治学・安全保障論。伊勢崎氏、柳澤氏とともに自衛隊を活かす会の呼びかけ人。三氏による鼎談『新・日米安保論』（講談社現代新書）も示唆に富む内容です。加藤氏は九条を守り続けて、市民が平和主義、国際協調主義の担い手として貢献していく必要を力説。自衛隊はアメリカの州兵、護郷兵的なイメージへと転換していく必要性を説いています。

松竹伸幸氏は自衛隊を活かす会の事務局長。政治の世界で自衛隊問題に対峙した後、ジャーナリストに転身。『憲法九条の軍事戦略』（平凡社新書）など自衛隊や安全保障について護憲派の盲点を照射する著作を上梓しています。自衛隊活用は長年の持論。編集者としても、自衛隊関係者の改憲に抗する声を編んだ話題作を続々と刊行。

古関彰一氏は憲政史家として憲法制定過程の研究で著名。同時に安全保障に関する射程の長い研究と現状提言をしています。現代に求められるのは強大な軍隊ではなく、警察力だと喝破。『安全保障とは何か』（岩波書店）ではベンサムの時代から現代を照射。第二次大戦後の国家安全保障を相対化して、人間を押し出す視点を重視しています。

豊下楢彦氏は、国際関係論・外交史。昭和天皇の日米安保への主体的な関わりを解明した『安保条約の成立』（岩波新書）や『昭和天皇・マッカーサー会見』（岩波現代文庫）など戦後体制に昭和天皇がどう関わったかを究明。『昭和天皇の戦後日本』（岩波書店）は『昭和天皇実録』をふまえての決定版。安倍政権下での集団的自衛権問題についても果敢に発言。

最上敏樹氏は、国際法・国際機構論。国境を超えての平和をめざす市民向けの著書でも著名。『人道的介入』（岩波新書）をめぐって憲法学界とも対話。近年では国際法を錦の御旗として集団的自衛権行使を正当化する議論を批判。日本国憲法と国連憲章との連続面・非連続面を捉えた『国際立憲主義の時代』（岩波書店）も示唆に富んだ一冊です。

これ以外にも『永続敗戦論』（太田出版）の白井聡氏など多くの研究者・ジャーナリスト・弁護士・運動家などの仕事に注目しています。もちろん憲法学界でも多くの提言が存在していま す。九条を安全保障や平和の問題とリンクさせながら考えていけば、メディアの報道とともに専門家の仕事に学ぶことが必須になってきます。

これらの論者の著書や発言と出会えば、新聞やテレビとは異質な知的好奇心を味わえます。九条論、戦後レジーム論、安保体制論、民主主義論としても刺激があります。

初学者として、平和と安全保障を再考する「最初の一歩」について、日頃意識している問題意識は以下の通りです。

第一に、戦争と安全保障の形態の変化について。冷戦終結後に急速に戦争の形態は変化し国家間紛争の減少は明らか（メアリー・カルドー『新戦争論』岩波書店）。戦火は絶えず、小規模紛争やテロや暴力は頻発しているが、内実は変容している。それに対応して、旧来の安全保障観であった「国家安全保障」は終焉を迎えている。その象徴が、二〇〇一年の九・一一であり、世界随一の軍事力を持つ米国がテロを防げなかった。現代は「人間の安全保障」的なアプローチが探求されている時代だということを再確認しておきたい。

第二に、軍隊のみで平和と安全を守れないことを自覚したい。軍隊と警察とのグレーゾーンが重要。日本でも自衛隊と警察力なかでも海上保安庁をどう位置づけるかが大事なポイント。ただ海上保安庁より自衛隊を優先する発想が今なお強い。他方、自衛隊と米軍との協力もハイブリッド型の紛争への対応が重要な主題。自衛隊の増強だけが平和への命綱であるという議論には距離を取っていきたい。

第三に、護憲派の安全保障認識は前項でも問われる。平和外交を強調するとともに、領海警備を担う海上保安庁への着目は必須。警察力の評価は歴史的にも模索され続けてきた問題意識。その上で自衛隊の専守防衛をどう見るか。どこまで許容されるかが難問である。まず憲法九条の政府解釈で何が確認されてきたかを踏まえることが重要。

第四に、戦後の平和を支えたのは憲法九条か、安保条約と自衛隊か。そもそも沖縄に犠牲を強いた平和だったという批判は別にしても、どう回答をするかが問われている。護憲派にも後者を一定評価する人は存在。前者か後者かではなく、両者の緊張関係で戦後史を把握する視点が重要。そもそもかつてのソ連脅威論が切迫した危機だったかも不明である。現在の北朝鮮と中国の脅威も侵略の危機ではないはず。冷静な議論が望まれる。

第五に、平和と安全への貢献は自明でないが、安保条約が戦後レジームの根幹に存在することは明らか。だが米軍の特権的な地位を規定してきた日米地位協定（琉球新報社編『日米地位協定の考え方・増補版』高文研、前泊博盛『本当は憲法より大切な「日米地位協定入門」』創元社）、密約を日常的に生み出している日米合同委員会（吉田敏浩『「日米合同委員会」の研究』創元社）の存在がその背後に隠されている。未だ独立国といえない現実を日本に強いているこれらの存在を批判せず、憲法九条の夢想だけを嗤う議論はバランスが悪すぎる。

第六に、世界で暴力と憎悪の連鎖が続くことをどう止められるのか。国際協調主義の理念をいかに尊重していけるのか。そのために九条は有効なのか。市民は世界平和に主体的に貢献できるのかという問いに対して、広い視野で学んでいきたい。

以上の論点以外にも多数の重要な主題があり、その巨大な問題群の一隅に本章の主題も位置することを自覚したい。九条改正論も含めて異論から大いに学ぶ、護憲派内の多様な意見を尊重していくことが、護憲派の存在感を高めていく。

いずれも複雑で重たい主題ゆえにどう解決していけるのか、知恵と覚悟が問われています。

今後も現実に向き合う人たちの努力と専門家の仕事に学ぶしかありません。

九条改正論者は、井上達夫氏、今井一氏、伊勢崎賢治氏を初めとして最新の情勢の中で提言を続けています。護憲派市民には、共感できない点も含まれています。ただ耳の痛い発言にも耳を傾け、その著作と発言に向き合っていく。専門家である諸氏の胸を借りていきたいというのが私の立場です。

たとえば伊勢崎賢治氏の場合は、世界の紛争地帯で身体を張ってきた威厳と迫力があります。護憲的改憲論から転換して九条を活かす立場で発言を続けてきた氏が、最近は新九条論を主張。九条二項に標的を絞っていますが、九条二項が崩されれば憲法九条はないも同然なのです。その点では氏の主張に同意することはできないでしょう。同時に、地位協定についての鋭い主張も含めて、氏の発言には学ぶべき多くの点が存在しています。

刺激的な論者は九条改正論者に限定されるわけではありません。たとえば最上敏樹氏は九条改正論という立場ではありません。世界で武力紛争や人権侵害が続くなかで、侵略戦争さえしなければ平和主義は実現できるのかを深く問い続け、日本国憲法にも鋭い問題提起を続けています。広い視野に立って人権と人道を希求する氏の著作にも向きあい、市民が平和にいかに貢献できるかを考え続けていきたいものです。

このように九条についての立場は違っても、多くの学ぶべき議論が存在しています。私は九条を守りたいという護憲派の一人として、九条が直面する困難に目をつぶろうとは思いません。

日本国憲法は希望だという人とも手を携える。同時に憲法と九条への批判・疑問を持つ人からも学んでいく。長年それが当然だと思ってきました。

かつて朝日新聞で憲法九条問題を取材していた藤森研氏（専修大学教授）は、九条の「功罪」について以下のようにまとめています（『日本国憲法の旅』花伝社）。

まず「功」としては①平和思想の維持・発展の橋頭堡②アジア・太平洋諸国に対する軍事力不行使③非軍事型国家像の発信④軽武装・経済成長路線による繁栄⑤非軍事国家の法体系による人権・自由の享受（①②③は世界にとっての「功」、④⑤は日本にとっての「功」）

「罪」としては①現実との乖離による憲法の建前化と混乱②沖縄を切り捨てた上での、非武装化③天皇制維持のための「防壁」機能④戦争責任・戦後責任をあいまいにしてきた「護符」⑤国際的な紛争や人道課題への内向き姿勢を醸成

その上で、九条の「罪」は九条だけに帰責されるべきものであろうかと氏は問いかけ、そうではないということも示唆しています。

以上のような冷静な九条認識に学びたいというのが、かねてよりの自らの問題意識でした。上記の「功罪」はきわめて的確な診断であると思われます。九条を変えることが、結果として何をもたらすかについて、これらの「功罪」を見つめることで熟考したいものです。

第五章　九条を守る運動の特長とは何か

一人ひとりの問題意識が変われば

要するに、九条も平和主義も順風満帆ではありません。第三章と第四章でそれを書いてきました。話がさらに深刻になった。憲法も平和主義もむずかしいという感想を持つ方がいるでしょう。でも護憲派の中にも、長らく信じてきたことを再度見つめ直したい人が存在しています。中間派の人は立ち位置を問い続けています。護憲派が九条への批判や異論にも耳を傾けていくことが、護憲派への信頼感を結果的に高めていくと信じています。ダイエットも短期の努力だけでなく、太りにくい身体へと身体の内側から変えることが必要です。護憲派が脱皮していく。自己主張を控える必要はないが、物腰や話法や表情が変わっていけば魅力が増しますね。

でも大それたことは考えられません。ある日、護憲派の全員がにわかに変身することは考えにくい。長い蓄積の上で、今日の現実があります。安倍政権の改憲を止めることが至上命題です。南スーダン問題や北朝鮮の人権問題に関心を持つ人が、一挙に何十万人も増加することは考えにくい。少数でも熱心に関わる人が生まれることが何よりでしょう。

でも沖縄問題でダイナミックな変化を望むことは無謀でしょうか。護憲派であろうとなかろうと、新たに五万人、十万人の人が毎年辺野古や高江に応援に行こう。辺野古基金にカンパをしようと決心する。憲法と沖縄との関わりや沖縄の現実を学んでいく。こちらの変化はもう少し実現性が高いと思われます。


ところで全国に猫が何匹いるのかを厳密に知っている人はいません。冗談めかして恐縮ですが、同様にむずかしいのは、護憲派の人数を把握することです。日常不断に護憲派を自任している人だけでなく、何となく護憲でいいかな、九条はわりと好きだという人も含めれば、さらに人数は増えていきます。改憲と護憲の間でしばしば揺れ動く人たちもいます。

戦後のある時期から、日本国憲法を学び、守り、活かそうという護憲運動、憲法運動が継続されてきました。全国センター的な団体もありましたが、すべてが整然とその下に結集していたわけではありません。地域でのサークル、読書会、個人などを含んでいますから、その広がりの大きさを測ることもできません。

長らく活動してきた老舗としては護憲連合、そして六〇年代に結成された憲法会議が存在しています。憲法研究者、弁護士などの法律家及び法律家団体も、憲法を守り広めるために大きなエネルギーを注いできました。これらの人びとと組織の足跡は一定程度たどることが可能です。しかし各地でさまざまなとりくみをしてきた市民はさらに広い裾野を持っています。

改憲の危機から新たな運動が生まれた

二一世紀に入ってから九条の会などの新たな護憲団体が誕生しました。その運動が盛り上がっていったのは、安倍政権という憲法改正を正面から目論む政権が誕生した危機感とも関わりを持っています。さかのぼれば世紀末の日米ガイドライン、何よりも二〇〇三年のイラク戦争が、憲法が壊されているという危機感を高める一里塚でした。長年受け継がれてきた九条への思いを、新たな器を誕生させて高めようという機運が高まってきたのです。

一つの団体に肩入れする意図はありませんが、全国で七五〇〇の会を持つという九条の会を無視することはできません。二〇〇四年のこの会の誕生は私の周辺でも話題となりました。

ある先輩から尋ねられました。著名なキャスターのCさんが「九条の会は共産党が組織しているのではないか」と語っていたが、どう思うかという内容です。「各地の講演会の参加者人数を見ると、この党の支持者とか後援会などとは全く桁違いの人数が参集し、保守的な知名人も登壇している。的外れではないでしょうか」と答えました。

今でもその答えで間違っていないと思います。もちろんキャスターのCさんは、元政治記者としての経験から自民党、公明党、共産党の組織力が全国で秀でていること、共産党なら組織化を進められるという判断だったのでしょう。ただ運動の広がりを見ても、そんなレベルではなかったのでした。共産党という世界観政党のスタイルとは異質なスタイル、さまざまな思想・信条を超えての個人が結集することでこの会が存在していることは明らかでしょう。

さて九条の会について、もう一人の先輩が議論を吹っかけてきました。自らこの会を作りたいと考えていたようです。護憲派は九条の会だけでないという私の主張を耳にして、いぶかしく思ったのでしょう。「九条の会以外に、何があるわけ?」と尋ねてきたのです。

私は即答しました。「もちろん九条の会は重要。でも行脚の会などもある。ウェブマガジンのマガジン9条（現在はマガジン9）も斬新。イラク戦争反対で重要な役割を果たしたWPN（ワールドピースナウ）の関係者もいるはず。老舗格としては護憲連合（一九九九年から平和フォーラム）や憲法会議。市民運動として、許すな！憲法改悪・市民連絡会もある。宗教者の長年の活動もある……」

よどみなく答えるとこの人は顔を赤らめて沈黙してしまいました。九条の会は大事だが、これだけがすべてとはいえません。他の潮流も無視したくないと思いました。

誤解されがちですが、九条の会は二〇世紀に活動を続けてきた護憲運動の団体を吸収して発足したわけではありません。地域の個人やサークルを全国一律に組織化したわけでもありません。肝心なことは新たに個人が馳せ参じるという形で運動が誕生したという点です。

全国的にみれば、九条の会以上に知名度と存在感を持つ団体は存在していません。この会に期待する人が多いことは当然です。ただ一三年前の時点からどの流れが強くなるかよりも、もっと重要な論点があると思っていました。一本の雑誌論文を編集者として担当したことが大きな出会いとなりました。

中間派をつかむことが永遠のテーマ

一三年前の時点で、「護憲運動の軌道修正」を提起した一文があります。タイトルは「ハトはハトでも伝書鳩」雑誌は月刊誌『世界』二〇〇四年一〇月号。執筆者はカタログハウス社長（当時）の斎藤駿氏です。

小売業の長年の経験を持つ斎藤氏は、相対需要層（買うか買うまいか迷っている層）を相手にすることが小売業であることを書いた上で、中間層を一人でも護憲側に呼び込むための具体的な戦術とスケジュールを考えることを呼びかけています。何よりも護憲派ひとりひとりが売り子になることも重要であることを示唆しています。

興味深いのは次の一節です。

「商品をよく売る売り子とは、消費者の中にあるその商品への関心の度合いや商品価値への疑念、不安をよく察知して対応できる売り子。消費者の関心や疑念や不安を自分の中にとりこめる売り子がいい売り子。護憲派の売り子には自分を中間層の消費者に見立ててみる想像力が必要だと思う」

この一節は、本書の問題意識である「心さわぐ」という問題意識ともぴったりと重なっています。一三年経った現在でも、少しもこの視角は古びていません。

それは中間派（中間層）の存在が現時点でも絶対に無視できないということを示しています。もちろん全国で九条を守ってきた人たちは、この間も九条を変えさせていないので、大きな敗北感にさいなまれる必要はありません。この一三年間、九条を守りたいという人たちの比率が漸増してきたことは世論調査からも明らかです。しかし今なお多数の人たちがまだ迷っています。中間派の人たちとどう連携できるかは、永遠のテーマなのです。

実はこの原稿が掲載された直後に、別件の企画について相談するために斎藤氏を訪ねました。原稿に書かれていた中間層を対象にしたテキストを執筆していただくためでした。びっくり仰天の展開となりました。著者になるのは固辞されましたが、その時点で素晴らしいプランが考案され始めていたのです。帰社してブックレット編集長にその内容を報告して、すぐバトンタッチ。このプランと融合する形で編集部としての主体的な準備が進められ、後に『憲法を変えて戦争に行こうという世の中にしないための18人の発言』（岩波ブックレット）が誕生します。

メディアの常套句から考える

本書では詳述できませんが、戦後史で改憲の危機がどう表面化してきたかは、渡辺治『日本国憲法「改正」史』が解明しています。この二〇年の状況については、水島朝穂『平和の憲法政策論』（日本評論社）がトータルな像を描き出し、今世紀初頭の問題状況は斎藤貴男『ルポ改憲潮流』（岩波新書）が活写しています。この一三年間、九条を守ろうという運動がどれほど前進しているのかを測ることは、難しいと思います。ただ二年前の安保法制反対の声が、旧来の護憲派の枠を大きく突破して広がったことの意義を感じています。

迂遠なようですが、意表を突く角度から九条を守る運動の現在を照らし出してみたいと思います。メディアによる社会運動の報道への違和感から話は始まります。根っこにあるのは何十年間も持ってきた感覚です。

二年前の安保法制反対運動でも、テレビのキャスターの発言、新聞記事で以下の趣旨が表現されていました。今回のデモや集会は「政党や労組の動員ではなく、個人の自発的な参加が目立つ」という内容です。その文脈の上で、ＳＥＡＬＤｓに光を当てるという報道が目立っていました。この種の表現をメディアは好んでおり、イラク戦争反対の際にも同一のフレーズが用いられ、八〇年代の反核運動などでもしきりにこの種の評価を耳にしました。新しい担い手が登場することへの期待を表現したジャーナリストの常套句でしょう。

ただ疑問は残ります。官邸前に集まっている何万人の中から個人の自発的な参加者を識別できるのか。政党や労組からの呼びかけで参加した人は、自発性を持っていないのか。たとえば空前の市民革命的な状況だった六〇年安保を、政党や労組に動員された運動としてのみ描くことには賛成できません。三歳になる前ですべて成人後に知ったことですが、地域のサークルや青年団なども重要な役割を果たし、「声なき声の会」に象徴される市民グループの存在を確認することは容易です。この時代にも主体的な市民の意思が表現されていたことは、日高六郎編『１９６０年5月19日』（岩波新書）でも明らかにされています。

ただジャーナリストたちの定型的な物言いに関して、あることに思い至りました。組織が上からの指令で運動を引っ張るスタイルについて、先輩たちから継承されてきた違和感が、今なお現役ジャーナリストをしばっているかもしれません。

その仮説で理解するならば、キャスターたちの表現も了解できます。労働組合運動は、上部団体からの指令で整然とした行動をする特質を持っています。かつての社会主義圏では、政党が司令塔としていわば伝導ベルトを駆使するように労働組合や大衆団体を動かすという運動論が影響力を有してきました。この伝導ベルト論は民主主義的中央集権制とセットになって、ソ連型社会主義が世界に伝播していく根拠にもなり、後年に没落する一因にもなった理論です。

もちろんこれらの潮流に源を発していても、現時点で昔と同一スタイルの運動はありえません。昔のイメージで裁断することは良くないと思います。

斎藤茂男氏の警告

今や時代は大きく変わっています。組織指令型の運動からネットワーク的な運動への転換が企図されたのは、この十年や二十年ではなくはるかに大昔からです。現在では、インターネット、SNSなどを駆使して、社会運動の組織論も様変わりしている。とはいえ手法が新しければ、運動が飛躍していくというわけではないでしょう。

組織論が鋭く問われるのは、社会運動に限りません。企業などすべての組織や集団において模索され、きびしく問われ続けています。企業のトップが何をやりたいかが判然としない。経営者としての明確なメッセージを迅速に出せず、威厳も持ち得ないならば職場では当惑が強まる。ただ指導力には恵まれていても、現場の声には一切耳を傾けないワンマンな経営者で抑圧的な姿勢を持っていれば、長期的にはその組織が歪んでいきます。

これは九条とは違った文脈で難問です。組織とは緩すぎてはいけない。厳しすぎてもいけない。個性や主体性を尊重しながら、組織としての凝集力を高めることは永遠のテーマです。心を一つにすることは大切です。労働組合でもそれ抜きには労働争議や賃上げ交渉を闘えない。また企業でも、威厳のある社長と役員を先頭に目標に向かって知恵と力を出せない組織は、自らに負けてしまうことになります。

ただそれが昂じて「一色に染め上げる運動や組織」になって良いかは別問題です。

共同通信の記者として、『わが亡きあとに洪水は来たれ！』（現代史出版会）など傑出したルポを書いてきた斎藤茂男さんを尊敬していました。ジャーナリストとして抜群に力量があり、万事に優れたセンスを持つ人でした。この話題に関連して斎藤さんの在りし日の溌剌とした姿が思い出されます。

もう二十数年前ですが、あるジャーナリスト組織の総会で「一色に染め上げる運動であってはならない」と引き締まった表情で強く釘を刺しました。その組織の一部に斎藤さんが危惧するような言動が存在していたのでしょう。それ以来、「一色に染め上げない」という表現を私も用いるようになりました。

市民運動でも心を一つにすることはとても大事。でも、一色に染め上げるような運動・組織になってはいけない。そのさじ加減がむずかしいことを痛感します。それを希求していくためには、優れたセンスが求められます。

九条の会の賢明な選択

すっかり遠回りになりましたが、戦後の社会運動に限らず、多くの集団が直面する光と影を以上の問題意識でデッサンしてみれば、九条を守る運動の現在が照らし出されます。

憲法施行から七〇年間、広範な人たちが憲法にかかわってきた。同時に多様な社会問題に関わる中で、運動の分裂や対立を垣間見てきた人もいるでしょう。分裂や対立には直面しなくても、運動への違和感を持ったことがある人は多いと思います。

その点についていえば、二一世紀に入って改憲前夜という危機感を持つ人びとによって生まれた九条の会などの新団体は、過去の運動よりも自由で柔軟性を持ちやすいのではないか。先述したように、これらの団体は先行する諸組織を解散して糾合した訳ではありません。九条の会は全国で七五〇〇の会を組織していますが、東京都千代田区にある事務局が各地の運動を牽引するスタイルではなく、各地の会の主体性で運動が進められています。会の活動に参加する際に資格や推薦人が必要ではありません。

全国の事務局が運動を仕切ったり、各地の会の内部問題に立ち入ったりしないというのが暗黙のルールなのでしょう。全国には開店休業状態の会もあり、独自の困難に直面している会もあるでしょう。ただそれはひとまず当該する会の困難であって、全国の九条の会が分裂するという危険性は考えにくいのだと考えます。

九条の会の現況について、各地から多くの意見が寄せられています。二〇一六年に開催された第六回全国討論集会では、参加者の高齢化が進み、会を担っていく若い世代が存在しないという問題点など、共通する困難が報告されています。事務局に積極的な役割を期待する声も存在しています（『第六回全国討論集会報告集』）。

そもそも九条の会の誕生時に、分裂や対立を避けうる組織形態を志向し、広範な市民の参加を企図していたことは読みとれます。九人の呼びかけ人は知名度と存在感を持ちますが、梅原猛氏や三木睦子氏の存在でこの会が左派・革新系市民だけの会でないことがわかりました。

また六〇年代の原水禁運動分裂の現場をルポした『ヒロシマ・ノート』（岩波新書）でも著名な大江健三郎氏、べ平連の活動でも知られる小田実、鶴見俊輔両氏が呼びかけ人であることで、社会運動についての見識を持つ人たちへの信頼を獲得できたのではないでしょうか。

九条の会の誕生の経緯は公表されておらず、奥平康弘氏がこの会の可能性と生命力と、呼びかけ人及び小森陽一事務局長の存在感について言及した文章を読んだ程度ですが（奥平康弘『憲法を生きる』日本評論社）、最近では上野千鶴子氏の取材によって加藤周一氏の決断と努力が大きかったと明らかにされています（上野千鶴子・佐高信「戦後の憲法の役割」『憲法サバイバル』ちくま新書）。

呼びかけ人は輝きがある人たち。運動内部の衝突や軋轢に対しても超然としたスタンスを持っていく。その姿勢を会として重視してきたことが読みとれるのではないでしょうか。

九条を守る共同の高まりの中で

九条の会がスタートした十数年前と違って、現在では総がかり行動実行委員会などによってかつては共闘できなかった人びとが大同団結している点は大きな希望です。これらの運動の高揚にも支えられて、市民と野党との共闘で選挙戦に勝利しようという機運が高まり、国政選挙での野党共闘も実現してきました。高田健氏の『２０１５年安保、総がかり行動』（梨の木舎）にはこの共同行動を担い、希望を寄せてきた市民の思いが鮮やかに表現されています。そして二〇一七年九月には、「安倍9条改憲NO！ 全国市民アクション」が広範な運動を象徴するものとして、結成されました。九条改憲を止めるために全国で三千万人から署名を集めることも提起しています。注目すべきことは、今まで他団体との共闘に参加しなかった九条の会がこの組織に参加していることです。十月の総選挙の直前に政界の構図は変わりましたが、この数年の共同行動の画期的な前進は少しも色あせるものではありません。

長らく意識してきた統一戦線という主題について、ここに至る道を改めて想起せざるを得ません。かつては革新自治体が全国に存在していました。一九三〇年代の反ファシズム人民戦線の教訓も現在よりは身近な主題でした。統一戦線という思想が光を放っていました。ただ一九八〇年代末の労働戦線再編という節目でも、労働組合運動内部での対立は深刻でした。社会運動や市民運動に関わってきた人たちの中でも、統一戦線の実現とは容易ならざるものだという実感があったことでしょう。この主題の最も初歩的な領域で以下のような問題意識を持ってきました。

まず統一戦線という用語。現代史で定着していますが、昔から指摘されるように統一よりも共同という語感が妥当だと思います。現状では、敢えて統一戦線や共同戦線という語にこだわらず、共同を実現していくとか、無党派層を初めにした多党派の協力関係を作っていくという問題意識で良いのでしょう。今やこの語の誕生の経緯は忘れても良いと思います。

かつては革新勢力の統一戦線というイメージを持ってきましたが、保守層を除外した統一戦線は非現実的だと長らく感じています。また過去の運動の評価は難問です。たとえば原水爆禁止運動も分裂と対立の歴史であるという負の評価だけで済ませて良いのか。それを自問してきました。関連してメディアの姿勢にも疑問はあります。主に政党系列で運動が分裂したということで長らく原水協＝共産党系、原水禁＝社会党系との構図で記事が書かれてきました。この図式自体、無党派・中立の立場で双方の流れに参加してきた人たちを傷つけることではないか。それゆえ自らは、双方に対して○○党系＋中立系という表現を用いています。

過去の歴史をみつめることも大事だが、現在もこの行動を創り出すために当事者は綱渡りの努力を続けていることでしょう。メディアで報道される機会は少ないですが、この間の総がかり行動などに希望を託してきた一人として、全国市民アクションの前進に熱い期待を持ち続けています。

さらに本書に引きつけて一言。本書では統一戦線という問題意識をたえず意識しています。この問題意識さえ手放さなければ、多くの試練に向きあっていけます。護憲派の意見が分岐していようと、憲法認識に盲点があろうと、九条の無力を感じる現場があろうと、悲観する必要はありません。知識人の九条改正論に対しても、安倍九条改憲阻止に向けては手を携えていける人たちと思えるのです。運動としての統一戦線と同時に、思想としての統一戦線という観点を忘れたくないものです。

もちろん政治の場での紆余曲折は今後も続きます。護憲派市民には野党共闘の実現のために献身してきた人も多く、民進党が実質的に「解党」して希望の党に参加した経緯に失望を隠せない人が少なくありません。ただ九条を守るという文脈では落胆している訳にいきません。この先も共同行動を育んでいくしか道は存在していないのですから。

幅広い市民運動としてのメリット

九条を守る運動は、護憲派の個人がぶ厚く存在して、多彩な流れが共存してきました。労働運動や政党レベルでの対立の影響はあっても、昔も今も無理に一本化した運動ではありません。本書で描いてきたように、諸テーマへの意見は分岐していることを前提にした上での運動です。語弊はありますが、最初から「分裂」しているのが護憲派だと確信を持ちたい。

運動の到達点についても評価は分かれるでしょう。たとえば日米安保条約を批判する運動は勢いを増してほしい。沖縄への関心も高まってほしい。両方に深く関わる主題として、日米地位協定の改定はぜひ実現させたいと個人的には願っています。

でもその問題意識で、運動を一方向に無理やり管理したり誘導したりしないことが肝心なのでしょう。九条を守る運動が持つ、幅広さとゆるやかな団結が大事にされていく。その上で前記したテーマの追求は、志を持つ人たちが独自にとりくみを強めていくしかない。護憲派が持っている多様性を守っていく繊細さが必要なのかもしれません。

とはいえ護憲派が正念場を迎えていることは、疑いありません。若い世代とは違って体力の衰えを感じ始めた人も少なくありません。運動を持続させる秘訣とは何でしょうか。

市民運動が恵まれているのは、参加者が適度な距離を保っている点です。毎日顔をつきあわせる必要はありません。労働組合だと話は違います。長時間一緒に過ごしていれば、組合幹部としていばっている先輩が全く不勉強であるとか、出世主義的な志向が強いとか体感せざるを得ませんね。「こんな人たちには負けられない」との思いを秘めることも、闘いのエネルギーになりますが、ストレスはたまります。

社会の高齢化と成熟化が進む中で、大昔の労働組合のような密集型、「人いきれスタイル」から脱皮することが求められています。人疲れしやすいこの時代に、市民運動的なスタイルなら適応しやすい。人間関係が重荷ならば距離をとったり、休んだりすることも必要です。

若い世代に担い手がいないという困難は、あらゆる場面で問われている難問です。続々と若い世代が登場する集団は稀で、活動を休止せざるをえない集団も数多く存在している。

突飛な連想ですが、オランダの右翼政党・自由党は党首ウィルデルス一人が正規の党員とのこと。担い手を増やして組織を全国に広めるのが常道だが、それでは効率が悪い。むしろ自らの組織が足かせになってしまい、市民の声が届きにくくなる。従って正規の党員は一人だけ。メディアへの登場とSNSでの発信で支持者を増やしているそうです（水島治郎『ポピュリズムとは何か』中公新書）。

オーソドックスな組織論・運動論から言うと、邪道の極み。主張にも同意しません。しかしこの種の模索も行いながら、政権を握る寸前まで伸張したのでした。生き残りをかけて組織論が模索されている事例として注目してみました。

しかし以上の心配など「お馬鹿な奴」と嗤われるような事態の到来を願っています。なにせ高齢世代に寄り添った発想をしやすい一人で、若者世代とはこの間話していないからです。二〇一一年三月一一日を経て官邸前の抗議行動が始まり、六年経った今も持続していますね。二〇一五年の安保法制反対運動にしても、国会での予想外の事態とか、ＳＥＡＬＤｓの運動が一世を風靡するとか、官邸前に行きやすい者から見ても予想もできない展開になりました。九条改憲も国会での発議、国民投票という局面が近づくにつれて、新たな担い手が急ごしらえのアリーナで信じがたい存在感を発揮するかもしれません。路傍の石として、震えるような場面を見た上で人生を締めくくりたいものです。

安倍改憲構想をどう批判するか

安倍首相の改憲構想を止めるために、どんな視点が求められているのでしょうか。九条三項等で良いのではないか。自衛隊は長年存在して、国民的支持を集めている。海外での武力行使が恒常化すると見るのは、心配のしすぎだという評価の人も存在しています。自衛隊関係者の反応も共通するはず。長い間、憲法違反だと批判を浴びてきたので、ようやく一人前に扱われると誇らしく思い、三項等を強く支持する人も多いでしょう。

とくに自衛隊関係者の思いを一蹴することはできません。だがいずれの立場の人にも再考していただきたい。安倍首相の改憲はもっと踏み込んだ動機を持っている。安保法制の制定を強行して、もう九条の改正は不要だと思わせながら、敢えて再度攻めこんできたのです。

青井未帆氏（学習院大学教授）が指摘するように、安倍首相の言うとおりになれば「九条一項、二項が法であるにふさわしい規律の力を持たなくなる」「武力行使の限界がもともとなかったものとして、二項は無効化する」と見るのが自然だということです。初心者の私も、「後法は前法に優る」という法の一般原則をこの間は自覚しています。

三項等が追加されれば、世界有数の軍事力が明文化されてその位置づけが高まることは必至。それは二項が空文化していくことと一体です。自衛隊は世界有数の軍隊だと認知されて不思議ではなく、この間もＰＫＯでは実質的に交戦権を行使しているとみなされている。それが法律上の存在から憲法で明記される存在になれば、軍事的な要請が高まることも避けられません。南スーダンに続いて派兵される任地で、自衛隊の活動はより困難な局面に逢着します。自衛隊員の法的地位を守るために軍事裁判所を作る気運が高まることは明らかです。

憲法に明記される自衛隊は、安保法制によって集団的自衛権行使や他国軍への「後方支援」の権限を付与された自衛隊のこと。専守防衛の自衛隊とは明らかに異なっています。

イラク戦争も南スーダン駆け付け警護も人道支援という説明は通用しない。だが九条が存在することで、辛うじて先に撃つことは抑制できました。派遣部隊の指揮官も犠牲者を出さず、相手を殺害しないために必死だったのです。

伊藤哲夫氏など改憲派のイデオローグは、護憲派の多様性を分断しようと照準を定めています。自衛隊違憲論と自衛隊合憲論が併存している護憲派を分断させる。合憲論の民進党と違憲論の共産党の問題として氏は言及していましたが、その立場に立つ市民の存在こそが最大の標的です。護憲派の統一戦線的スタンスが脅威だと語ってくれている氏の論考こそ、護憲派の今後歩むべき道を照らし出しています。伊藤氏に応えるためにも、九条三項への批判を研ぎ澄ましていきたい。ただ心すべきことは、鋭い批判のみが要請されているのではありません。批判の対象への奥行きのある視線を持てるかどうかが、護憲派市民に問われていると思います。

現時点で九条三項等の内容は明示されていません。最も抑制的な文面として、自衛隊の存在を妨げるものではないという条文になる可能性もあります。それも防波堤の決壊を意味します。自衛官の生命が奪われる危険性は高まります。憲法から蔑ろにされていたと受けとめる自衛隊関係者の誇りを尊重することにはなるでしょう。しかし重大なことは、新たな条文によって専守防衛や災害救助のために入隊した隊員の運命が大きく変えられてしまうこと。自衛隊の大胆な国際貢献に期待する市民も存在していますが、圧倒的多数の市民は災害救助や専守防衛に献身する自衛隊を支持しているのです。

山内敏弘氏によれば、以下の主題への影響も危惧されます。安保法制の合憲化、際限のない「戦力」の保持、徴兵制・徴用制の合憲化、自衛官の軍事規律の強化、軍事機密の横行、自衛隊のための強制的な土地収用、自衛隊基地訴訟への影響、軍事費の増大、産軍複合体や軍学共同体の形成（前掲『「安倍九条改憲」論の批判的検討』）。

政権がいま急ピッチで進めるべきことは憲法改正ではない。経済政策や社会保障の充実。非正規雇用の若者たちに望ましい職場。子どもたちの貧困と課題は山積しています。

九条改憲など望んでいない。この点で社会に亀裂を生じさせるべきではないと訴え続けていきたい。国会での発議をさせない可能性も十分にあります。まずそれが大目標です。

だが国会での発議→国民投票という展開になる可能性も、想定する必要があります。改憲へのスケジュールが具体化された際に、いかに行動すべきでしょうか。護憲派の末席をけがしているにすぎない一個人として以下のイメージを持っています。

安倍政権での改憲は認められない。その思いをかみしめていくのみ。ただ九条を守る運動が自衛隊認識を一本化できない重さに自覚的でありたい。安保法制に反対した人にも、自衛隊合憲論の人たちは多数存在してきたのが現実です。九条に賛同してきた人の中からも、自衛隊明記は認めて良いという市民が出てくることは避けられません。まして野党の足並みは、希望の党の出現で大きく変わりました。

ていねいな討論も誤解を解く努力も必要です。自らの話法を磨いていくことで、九条三項等に賛成しようという人を説得できるかもしれない。しかし多くの自衛隊明記賛成派が出ても、あわてる必要などありません。敵対的な関係になっても仕方がない。護憲派が維持してきたゆるやかな団結を失わないことが肝要だと考えます。安保法制反対で団結した人たちが激しく反目しあうと、改憲推進論者を喜ばせ、国民投票にも悪影響を与えるでしょう。九条にゆるやかに賛同してきた人たちは、一〇月の総選挙で当選した全会派の支持者であり、無党派層であり、選挙では棄権に回った人たちの中に含まれているのです。そのことを忘れたくありません。

九条三項等について、意見が一致できない人との間でも、共同したいテーマは数多く存在しています。将来にわたって、自衛隊員を殺させないための具体的方途、辺野古新基地の建設阻止に向けたとりくみ、日米地位協定の改定などです。九条三項で異なる意見の人とも新たなブリッジを構築していきたい。平和主義を求める闘いは、長期間多面的に続いていきます。私たちは遠くまで歩き続けるという気持ちで、大らかに前向きにがんばっていきたいものです。

肝心なことは、九条三項等賛成派に転じる人よりも中間派として依然として迷い続けている人たちがはるかに膨大な数であること。その存在にしっかり向き合いたい。

国会での発議阻止に向けて、急ピッチで世論の関心が高まることを願います。もしそれが阻止できずに、史上初の国民投票になれば緊張感が高まりますが、リラックスすることが肝要でしょう。国民投票は憲法九条に百点満点を付ける投票ではありません。政府案反対という一点で多くの人たちが手を携えていく。九条が光り輝くものとして全幅の信頼を寄せる人たちのためだけの投票ではありません。安保条約、自衛隊、日本の安全保障についての評価は、護憲派の中でも多岐にわたっています。現在の九条に五〇点以上付けている人は護憲派です。五〇点以下という辛口の人でも、政府提案に反対する人は大歓迎です。

九条の評価も、日本の安全保障も永遠のテーマ。国民投票で解決するはずがありません。この先も長期間模索する必要がある。篠田英朗『ほんとうの憲法』（ちくま新書）が話題になっていますが、憲法学界がガラパゴス化しているとか、憲法学者は九条について根拠なきロマン主義的解釈をしているとか、「勇壮」な物語を紡いでいるのは平和構築を専門とする研究者です。安倍首相の九条改憲にも大いに賛同。この間、護憲派論者を叩いてきた氏の主張を大歓迎する読者がいることは当然でしょう。何もこの一冊だけで、戦後の憲法学への評価に思い悩む必要などありません（同書の吟味のためには、水島朝穂氏の批判も必読。ホームページ「平和憲法のメッセージ」二〇一七年一〇月一六日から全四回）。その評価を決める投票ではないのです。

不真面目ではいけませんが、深刻になる必要などない。安倍首相主導の九条改憲に反対することが出発点で一致点です。そうした思いを広めながら、軽やかに「さくっと」政府提案を否決していく。そのような機運が高まっていけば良いですね。

裏返していうならば、たえず視野を広く持って、全力を出していく。柔軟な姿勢で臨むことが国会で発議させないよう運動を強めていく上でも必要なのでしょう。大らかな気持ちでがんばっていきたいものです。

以上、素人としてのイメージです。ただこの先も全国数千万人の護憲派市民への指令などは存在しません。一人ひとりの市民が主体的な判断で決めていくべきことです。

忘れてはならないのは、国民投票には現時点でも大きな欠陥が存在していること。金さえあれば一定の期間、テレビコマーシャルがやりたい放題になっています。これらの欠陥を放置したまま、国民投票を迎えることは許されません。

この点で注目すべき報道を長期間続けてきた雑誌が『通販生活』（カタログハウス）です。同誌は商品紹介のカタログであると同時に、読者に配慮ある誌面構成で憲法や原発や沖縄などの主題にとりくんでいる国内屈指の魅力的な社会派雑誌です。二〇一七年に刊行された三冊でも国民投票法の問題点を具体的に指摘しています。

国民投票に関わって、一読したい論考はカタログハウスの斎藤駿氏による「そろそろ、信念から戦略へ…説得力のつくり方」（『軍縮問題資料』二〇〇六年五月号）です。護憲派がいかに脱皮するかを具体的に提言。「北朝鮮の脅威」について市民の不安に応えるセンスを護憲派が持つなど、現在でも有効な提言があります。国民投票での主戦場はテレビになることを見越して、護憲派がいかに勝つかを具体的に提言している点が秀逸です。

当時はまだ国民投票が目前に迫るとは思えず、初読時の私の読後感は鈍いものでした。いま再読すれば本稿の先駆性をひしひしと感じます。魅力的なキャッチフレーズを作れるか。ごく短時間の映像で視聴者の気持ちをつかめるか。広告人の知恵とセンスをどう活かすかも勝敗の分岐点になることは明らかです。広告戦略を熟知している氏ならではの視点です。

なお「安倍九条改憲NO！　全国市民アクション」などの集会、九条改憲に反対する三千万署名、地域に根を張っての対話、学習会などの重要性は明らかです。斎藤氏も本稿執筆時点で草の根の運動がベースであることを確認しつつ、テレビ報道や映像が時には草の根運動を阻むことがあることを警告し、護憲派としてテレビ・映像戦略の重要性を訴えています。この主題について護憲派市民が急速に問題意識を強めていきたいものです。

第六章　私たちの憲法物語は続いていく

奥平康弘氏の視線から

本章のタイトルは、奥平康弘氏が「憲法物語」という語をよく用いてきたことにあやかっています（『「憲法物語」を紡ぎ続けて』かもがわ出版）。安倍改憲構想に向き合い、「共謀罪」法案が強行可決されてしまった今、柔和な視線で語り続けるそのお話に耳を傾けたいものですが、それはもうかないません。

さて一人ひとりの来し方において、憲法といかに出会ってきたのかを本書では重視してきました。日本国憲法の意味が世代を超えて問い続けられていくことを願っています。それが容易ではないことも自覚しています。

いまだに「長いものには巻かれろ」「出る杭は打たれる」という言葉が日本社会には息づいています。国民投票の際には異なる風が吹いていることが想定されます。九条ではダメだというキャンペーンが劇的に強められます。政府案を否決することが運動の課題になれば、お上にたてつく政治的な活動だと誤解する人が出てくる可能性もあります。

大勢順応こそ大事な価値観だという風潮は社会に根強く存在しています。もし重圧に萎縮してしまうならば、憲法物語は花開きません。安倍政権に違和感を持っても、その改憲構想に正面から怒っている人は、現時点ではまだ限られています。その事実も受けとめねばなりません。

社会的なテーマに発言すると、政党色がつかないだろうかと過敏になってしまう風潮が未だに広範に存在しています。そんな危惧に関わって、以下に憲法と政党との関わりについて、リアルな立場から見つめていきましょう。

昔の実態について、日高六郎『私の憲法体験』（筑摩書房）が戦後史での憲法と政党との関わりについて書いていたことが思い出されます。

（まず前提の知識として）かつての社会党は護憲政党として奮闘してきたこと。今は憲法の全条項を守る立場の共産党は、以前は憲法の平和的民主的条項を守る立場で憲法改悪反対というスタンスでした。両党の影響も受け、市民に支えられた運動団体が各地で活動を続けてきたことが、全国で憲法を守ろうという声が高まる一翼を担ったことは否定できません。

ただ日高氏はもう少しきわどい話も紹介しています。共産党はもとより社会党のある部分も日本国憲法を長らくブルジョア民主主義の憲法として考えてきており、マルクス主義の発展段階論を受け入れて社会主義に親和的だったこととの引き替えに、憲法の価値を十分に理解していなかった側面があるとの指摘です。

そういえば両党がその時代から立憲主義を尊重していたとは聞いておりません。昔の話でマニアックな議論ですし、あらゆる個人や運動団体にとってもその時代の憲法観の制約を受けざるをえないので、責められるべきではありません。要するに、政党だけが前面に立って憲法を守ってきたはずはなく、市民や多くの社会的組織が憲法を守ってきたという理解こそ妥当なのでしょう。

政党の変貌をどう見つめるか

さて現在の興味深い問題にぶつかります。各政党の実態が流動しているということです。昔お世話になったある人は学問や芸術に通じているインテリでしたが、政治にも人一倍詳しい人でした。選挙ごとに候補者の政策をチェックして投票するが、全体主義政党には投票しないとのことでした。「全体主義政党」という評価が妥当であるかはさておき、それが公明党や共産党という盤石な組織政党を示すのは明らかでした。この二党が熱心な担い手を持ち、弱者に献身することは知られています。

だが最近は変化のきざしが感じられます。長年連立与党として政権に参画してきたことは公明党内に大きな矛盾を生み出しています。安保法制の制定については、支持母体である創価学会からも党指導部に対する強い批判が起き、官邸前の反対運動でも創価学会の三色旗が掲げられていました。最近の参議院選挙では、同党支持層の四分の一が推薦候補に投票していない事例も報告されています。だが機を見るに敏な同党は、都議選では自民党と訣別し都民ファーストと一体になって大勝利。だが希望の党の出現で、小池都知事との対決姿勢を強めて自民党との結束がにわかに強化されるというめまぐるしい展開になっています。

一方、共産党は長年、「自共対決」という構図でアピール。他の野党も批判していました。しかしその方針から二年前に大きく転換し、市民と野党との共闘を全面的に重視する路線を進んでいます。また同党支持層も柔構造になって三分の一は流動的な投票行動を示しています。

この二つの事例も注目に値します。とりわけ公明党の選択は改憲問題の行く末にとって見逃せません。憲法改正の発議を急ぐ安倍首相に対して、どこまでブレーキをかけられるのか。国民投票に持ち込まれた場合の投票行動は勝敗の一つの分岐点にもなるでしょう。

二〇一七年一〇月の総選挙で、九条改憲必至と悲観すべきではありません。立憲民主党の躍進がその一つの根拠となります。希望の党は安保法制や改憲についての「踏み絵」で候補者を選定しましたが、きわめて杜撰なものです。同党が今後どのような道をたどるのか。党内から改憲に歯止めをかける道がないのか。旧民進党系の同党議員たちが市民からの九条を壊すなという声に、沈黙できるかどうかも今後の事態が決めていくことです。

さらに重要な話題は、自民党の変容をどう見るべきかです。

自民党が結党以来持ってきた組織的体質とは、多様な思想的潮流を抱え込んできた度量の広さです。憲法改正論者が多くても、一方では改憲やタカ派的な路線へのブレーキが働き続けてきました。一九八二年の中曾根内閣で改憲は必至と予測する人はいましたが、その方向には進みませんでした。後藤田官房長官の存在感が重く、その根底には戦争体験があったことも知られています。

この間は安倍一強の構造が続いてきました。集団的自衛権行使を容認する閣議決定の際も、村上誠一郎氏が毅然と反対しただけで他には表だっての抵抗はなかった。本来の自民党の党風とは違って、一枚岩化が進行してきたと指摘されました。

ただ九条改憲はさらにハードルが高い。安倍首相の独断専行に対して、当初は異論が噴出したことも無視できません。岸田元外相も九条改正は必要ないと述べました。河野洋平氏が安倍改憲構想を批判したことは多くの市民の共感を集めました。野中広務氏も反対と意思表示。今後も自民党とその周辺で疑問は消えることがないでしょう。

自民党支持者にはもちろん右派もいますが、何よりも巨大な護憲派が存在しています。戦争はもういやだという思いは思想・信条を超えているからです。本当に九条改憲が必要なのかと問われると、安倍政権の支持者も考えこむでしょう。彼らが戦争を願い、戦前回帰を求めているなどと決め付けることはできません。国民投票でも自民党支持者がすべて政府案賛成に回るはずはない。総選挙を経て九条改憲の危機が高まったことは明らかですが、今後も一寸先は闇であり光でもあるということに何ら変わりはありません。

読売新聞の二〇一七年四月の世論調査でも、九割近い人たちが現憲法に肯定的との結果が出ました。戦後七二年間平和が続き、豊かな社会になったという文脈での肯定論。そもそもこれらを百も承知で、伊藤哲夫氏らの改憲論が提起されていることに注目したいものです。

最も短いことばで改憲を批判するなら

安倍改憲構想に負ければ、九条を変えられてしまう。九条三項等に真摯で向き合う護憲派にもジレンマがあります。安保法制で、九条の外濠は大きく埋められている。限りなく蹂躙されてしまったのが九条です。完全な健康体ではない。怪我人が全力で走るのは困難です。施行七〇年において、九条はますます美しく輝いているとは言えません。悩ましい限りです。

九条が持ってきた輝きと重み、現実に果たしてきたプラスの意味をふまえつつも、同時に深い傷を背負っていることも語る。それでも九条によってアメリカの戦争に全面的に参戦する事態にはなっていない。九条を守ることが、自衛官を危険な境遇に追いつめないためにも重要だと語っていく……。

悩みすぎるのは良くないですね。語り始めたら一時間もかかる話は、忙しい人が聞いていられません。一言だけはっきりと自分のことばで伝えたい。

「九条に三項等を追加するのは、災害救助活動や専守防衛でがんばる自衛隊を憲法で位置づけるためではありません。海外で戦争する自衛隊を憲法で無理やり認めさせるのが目的です。

海外で自衛隊員が死ぬことがないように、政府提案に反対しましょう」

これなら一分で話せると思います。

どのような伝え方をしたら良いかは、この主題で講演を続けてきた人たちからも学んでみましょう。あくまでもたとえばの話ですが、伊藤千尋、伊藤真、水島朝穂、渡辺治といった諸氏の講演は流暢な語りで内容も豊かです。九条を守り続ける意義を深く感じることができます。ただ素晴らしすぎる講演には、劣等感を持ってしまう人もいるかもしれない。もっとたどたどしくて下手な話が良いという方には、全国には何百人もの講師が存在しているので、リクエストに応えてもらえるでしょう。ちなみにその最底辺にいるのが私です。この問題で講師を務めたのはただの一度。講演依頼などなくて暇だったゆえに、一度の講演を基にしてこうして一冊書いてしまった次第です。

冗談はさておき、多彩な講師が全国に数多く存在しているはず。ぜひその人たちのことばに耳を傾けて、自分の話し方と伝え方を磨いてみたらいかがでしょうか。

生身の人間をイメージして語る

さて路傍の石の声に耳を傾けてください。著名講師におまかせでなく、私なりのイメージを提示させていただきます。九条を守り続ける意義をいかに新鮮に伝えられるか。

生身の人間に向き合うことを大事にしたい。死者と生者とが新たな問題意識で出会っていく。

九条を守ろうという運動でそれが表現できれば、人々を結びつける共鳴板になるでしょう。

とはいえ、この話は一分で語れません。それだけは御留意下さい。

抽象的な話ではないのです。「九条を守れ」と訴えるときに、誰を思い浮かべるのか。配偶者、友人、子ども、孫という場合も多いでしょう。もう少し視野を広げてみると新たな心象風景が広がります。

戦後は、戦争の悲劇を二度とくりかえすなという思いを確認してきた時代です。多くの市民が戦争や原爆を体験していて、戦後生まれの世代もその体験を聴くことで、平和を願ってきました。私も数えきれない被爆体験に耳を傾けてきました。今後とも戦争の犠牲者を、その人たちを偲んで戦後を歩み続けた人とともに、加害体験も含めて忘れたくありません。日本人に限定した話ではありません。植民地支配と戦争によるアジア民衆の受難が存在しています。

しかし私たちは戦争の犠牲者、被害者などだけを思い浮かべるべきでしょうか。そうではないと思います。同様に大切に考えたい人たちがいる。唐突ですが、戦後七二年間の死亡者は何人でしょうか。昨年は一三〇万人を突破。人口動態統計で沖縄以外の統計が存在する一九四七年から確認すれば、六〇一九万人に達しています。その中には大往生をとげた人も数多くいるけれど、家族や近親者が強い悲しみを抱かざるを得ない死者も存在しています。

たとえば交通事故の死者は一九七〇年だけで一万六千人を大きく突破しました。自殺者はこの間減少しても、なお年間二万人を超えています。過労死、過労自殺については電通社員だった高橋まつりさんの死が衝撃を与えたことは記憶に新しい。公害病患者として亡くなった人たちも忘れられません。在日米軍関係者による事件・事故で千人以上が亡くなっていることも報告されています。また三・一一では津波と震災で亡くなった人たち、福島原発事故の避難者として亡くなった人たちを忘れられません。

世界でも飛び抜けて安全で平和な社会である日本。だがこの社会において、家族や近親者に納得できない死をとげた人がいる。これらの死と遺族にも思いを馳せたいものです。

さらに二〇一七年という現在、日本社会には多くの困難に直面する人たちがいます。貧困や孤独に押しつぶされている人。長時間労働にあえぐ人。深刻な介護の現実に向きあう人。これらの現場で弱者に向き合う人たちもかけがえのない存在です。

平和の対義語は、戦争ではなく構造的暴力。平和学で提唱されてきた問題意識です。戦後日本に戦場での戦死者はいませんが、多くの構造的暴力・社会的矛盾が存在してきました。そこに眼を向ければ、憲法を見つめる眼が豊かになっていきます。

戦争はいやだ。平和が一番という訴えと同時に、だれの子どもも殺させない。だれの子どもも苦しませないという思いを胸にしていきたい。

《私たちの周囲には、戦争による犠牲者がいます。その死者に向き合ってきた人たちがいます。社会の矛盾によって亡くなったり苦しんできたりした人がいます。その人たちも忘れられ

ません》

これらの人と向き合えば、戦後日本は平和で良かった。それは九条のおかげですという主張から、一歩前に踏み出していける。平和を求める思いがより深みを増していきます。九条と一三条の大切さが実感できます。もちろんすべての主題が憲法で解決される訳ではなく、法律や行政の対応が試される問題も多いでしょう。しかしこれらの主題にどう向きあうかの指針は、憲法に示されています。

憲法と向き合ってきた中に、自衛官たちもいる

さらに日本国憲法と必死に向き合ってきた人たちを視野に入れていきましょう。九条だけではない。一条を通じて天皇制を問い続けてきた人たち、二五条において健康で文化的な生活を求め続けてきた人たちがいます。数々の憲法訴訟で憲法の理念を守ろうとしてきた努力は尊い。全国に多くの足跡があることは日本社会の豊かさです。

この間、その人たちの努力に触れあうことができました。何と言っても安倍首相に感謝です。安倍さんに負けないためには、人間への共感力がキーワードです。

憲法と対峙してきた人たちの中で、安保条約や在日米軍基地、自衛隊に批判的な立場の人たちがとても重要です。その努力を顧みていく努力が求められていると思われます。

その上で自衛隊員として歩んできた人たちも想起してみたいのです。とりわけ自衛官は憲法

との緊張関係を背負ってきました。違憲だとみなされる存在の一員として、なおかつ憲法の枠から逃れられない仕事を選びとってきたことは、重たい選択だったのです。

安倍首相が自衛隊員の尊厳を慮って、九条に三項等を追加するという提案は個人としての願望を憲法に押しつけるもの。憲法遵守義務のある立場としていかがなものかと思います。

しかし一市民の立場から自衛隊とは何であったのか。自衛隊を批判し続けた人たちの思いとともに、自衛隊員として歩んできた人たちから学ぶことは自由。今だから可能なことで、案外新鮮な提案なのです。ためらいながらも次のことを訴えたいです。

《自衛隊員として生きてきた人たちからも、護憲派として学びとっていける。》

この機会に意見の違いを超えて、六三年間の自衛隊の歴史、自衛隊の現状とその問題点について市民が勉強していく機会が増えれば良いと思っています。もちろん自衛隊という存在について緊迫感ある論争が続いています。しかし隊員一人ひとりが違憲であるはずがありません。

自衛隊員だった人の声に耳を傾けると、多くの共通した声が寄せられてきます。

誰もが入隊の時には、憲法と諸法令の遵守を宣誓します。過疎地などにおいては自衛隊は安定した職場として、周囲からも薦められました。免許も取れる、生活も安定すると言われて入隊した人が少なくありません。時には生命の危険を冒すような厳しい訓練に耐えてきたのも、国と国民を守るという使命感。専守防衛が、多くの関係者たちの拠り所となってきました。

それだけに安保法制で自衛官の生命が奪われるという危機が強まってきたことを憂慮する人もいます。自衛隊を志願する若者が今後減ってしまうことを危惧している人もいます。

自衛隊について学べる本は無数に存在しています。杉山隆男氏の『兵士に聞け』（新潮文庫）など一連の作品は著名で多くの読者に読まれてきました。元自衛隊三等陸曹として安倍政権に対峙した泥憲和氏の「自衛隊員の生命を政治の道具にするな！」という訴えは、強い説得力を持っていました（『安倍首相から「日本」を取り戻せ‼』かもがわ出版）。元自衛官として社会的発言をする人も増えていることに注目したいものです。もし護憲派の広範な市民が自衛隊員までを視野に収めるならば、その訴えは説得力を増すでしょう。

警察力としての海上保安庁も忘れたくありません。近隣諸国の領海侵犯を日常的に警備しているなど、日本の安全の最前線に立つ人たちです。

勘の良い方はお察しでしょう。安倍首相が二〇一六年九月二六日の所信表明演説で海上保安庁・警察・自衛隊への感謝の意を表した際に、議場で自民党議員らが起立して拍手した一幕がありました。もちろん反発の声がわき起こりました。ここではその評価に立ち入りません。とはいえ、日本の国内・国外で平和と安全について奮闘する人の努力について、その光と影も含めて敏感な問題意識を持ち続けていく。それは護憲派にも求められています。自明のことですが、自衛隊違憲論の立場からも合憲論の立場からもこの視点で臨んでいく。生身の自衛隊員への人間的関心を持って、九条の意義を改めて捉えなおす。翻って自衛隊に対峙していく。その上で護憲派としての共同をどこまでも守り続けていく。

それこそが伊藤哲夫氏たち、安倍首相への護憲派としての最良の回答ではないでしょうか。今後、日本会議らが主導して、「ありがとう自衛隊」キャンペーンが展開されていきます。そのキャンペーンにたじろがず、乗りこえていく姿勢が、護憲派に求められています。

以上みてきたように、生身の人間の姿を思い浮かべていかに訴えていけるのか。そのことも九条改憲を阻止できるかどうかの、攻防の分岐点になります。私たちの話法が試されています。戦争で亡くなり傷ついた人たち、社会の矛盾で亡くなり、傷ついた人たち、日本国憲法に向き合ってきた人たち、自衛隊を批判してきた人たち。自衛官としてがんばってきた人たち。これらの人を想起しつつ何を語れるのか。自衛隊員を殺すなという思いに、どれだけの説得力を持たせていけるのか。

知識の押しつけでは拒否されてしまう。相手との関係性をふまえて、相手の意見や疑問もていねいに引き出した上で、自分の意見も簡潔に伝えられるのか。その力量が話法を決定します。

以上を一つのイメージとしてご検討下さい。相手が何を知りたいかも大事です。安倍政権論や九条論そのものを簡潔に語ることが求められる場合が多いでしょう。でも時間が十分にある時に以上のようなイメージで語りあうことも可能ではないでしょうか。

自衛隊と対話できる力量

身近に自衛隊関係者がいなかったので、幼い頃は自衛隊への強い関心を持たずに育ちました。一度たりとも侮蔑などの感情を抱いたことはありませんが、警戒心を持っていたと思います。憲法研究者の議論にも接しましたが、テレビや新聞の影響が大きかったと思います。

自衛隊員の子どもの証言としてよく紹介されるのは、親の職業ゆえに教師から意地悪い対応をされたという話です。何人もから聞いたことがあります。もちろん一方からの話だけを鵜呑みにできませんが、自衛隊批判が強かった中での、とばっちりとして気の毒です。親の職業や生い立ちで子どもが責められるなど、許されないことだと現在では思います。

高校や大学を出た時点での職業選択など、ほんの偶然に左右されることで、責任を問われるのも酷なことでしょう。非正規の若者が正社員になったら、ブラック企業だったという事例はよく耳にします。若き日に安定した職場を求めて自衛隊を選ぶことは不思議ではありません。とはいえ、その一点だけを強調して若者たちを勧誘する自衛隊への批判は必要なことでした。社会に警鐘を鳴らすという意味でも、自衛隊批判キャンペーンに意義があったと考えます。

長年にわたって自衛官個人を見つめるよりも、一枚岩の組織として自衛隊批判を続けてきた護憲派が多いはず。ていねいに見る必要を私が感じ始めたのは比較的近年のことです。イラク戦争に派遣された多数の自衛官が自殺していることに衝撃を受けました。猛訓練に耐えてきたたくましい若者が、帰国後も精神の深い傷を背負い続けてきたわけです。

もう一つは、多くの自衛隊関係者が安倍内閣の強行的な政治に怒りを表明してきたことです。憲法を尊重し、自衛隊を愛しているがゆえの行動に感銘を受けてきました。自衛官と家族たちに向き合う人びとの視線もそれに呼応しています。長年自衛隊を憲法違反だと批判してきた人びとも自衛隊員を殺すなという姿勢で、隊員と家族に真摯に向き合おうとしています。

市民運動の現場では豊かな経験とすぐれたセンスを持っているグループが存在しています。神奈川県横須賀市は戦前は海軍とともに栄え、戦後は海上自衛隊が存在感を持ってきた町です。原子力空母ロナルド・レーガンの母港であることを忘れてはいけません。「非核市民宣言運動・ヨコスカ」という運動が長年とりくまれています。

新倉裕史氏の『横須賀、基地の街を歩きつづけて』（七つ森書館）がこの運動の息づかいを伝えていますが、アフガン戦争、イラク戦争とこの町から兵力が送り出される中で、米海軍横須賀基地前で兵士たちを対象にしてアンケートをとるなど、果敢な活動を続けてきました。

アメリカ兵と自衛官が暮らす町で、基地の町を支えている市民にも届くように長年活動が続けられてきました。もう四半世紀も前のカンボジアPKO派遣の時点から、戦地派遣される自衛隊員・家族を対象にした「自衛官―市民ホットライン」を開設してきたとのこと、きわめて長い蓄積を持っています。もちろん自衛隊には批判的に向き合い、カンボジアへの派遣も批判する立場から訴えてきたのです。しかし大切なのは糾弾ではなく対話であるということを昔からしっかりと自覚しながら、個々の自衛官と家族の声に耳を傾けてきたそうです。

くわしくはぜひ新倉氏の本をご参照下さい。この基地の町・横須賀で長年どれほど地道で質の高い市民運動が展開されてきたのか。もっと多くの人たちに注目されて当然の活動だと思います。長年の経験のなかで、自衛隊との対話の能力も磨かれてきたのです。

毎月最終日曜日の夕方に行われる月例デモは四一年間、五〇〇回を超えて継続されてきています。一度参加すれば、この運動が持っているセンスと水準の高さを感じることができます。彩りのある音楽が生バンドで演奏される月例デモに参加してみてはいかがでしょうか。

護憲派も改憲派も理解し合える

ところで平和を語るむずかしさを痛感したことはないでしょうか。幼い子どもたちには、深刻な現実を伝えられません。世界が平和になる大切さをどう語れば良いのでしょうか。大人に対してはさらにむずかしい。説得力に欠けていれば強く反発されるのが関の山です。

世界中では戦火の絶えた日が一日もなく、少なからぬ国や地域で凄まじい現実が続いてきました。多くの人たちはそれをよく自覚しています。近年のシリア、南スーダンに至るまで、平和を願うことへの無力感を持つ人は少なくありません。たとえ戦火がなくなっても、食べ物や水や医薬品が不足して住む家もなく、生命が脅かされている人たちがどれほど多いかを多くの市民が知っています。「平和」などの美辞麗句を聞きたくないと反発を強める人もいます。

世界の遠き地点での苦難に、市民が貢献できることがどれほどあるのか。現実の重さを知った上で、口ごもらざるを得ない人たちを責められません。

以上の話題は憲法九条論にも投影しています。中国の軍事力や北朝鮮の脅威を勉強することで、憲法九条に懐疑的である人は数多く存在しています。改憲派の全員が好戦的だとはいえません。世界の悲惨な現実を知る中で、九条だけで良いのかという意見を持つ人もいます。改憲派の相対的多数は、九条の理想だけでは平和を守れない。自衛隊を軍隊として認めて、この先も米軍と協力して日本を守っていくのが現実的。護憲派は空想的だという議論を提起しています。もちろんその主張に無条件で同意する訳にはいきません。ただすべての人と会話が成り立たないことはないでしょう。

同様に、改憲派側の護憲派認識にも一面性はあるでしょう。口の悪い人たちは、よく護憲派の認識を「お花畑」と揶揄しているようです。でも護憲派全員が夢想的だと言えないはず。軍事や安全保障を本格的に勉強して、九条を守り通そうとしている人もいます。世界の現実に真摯に向き合う人たちが存在しています。

もちろん護憲派の訴えがすべて共感できる訳ではありません。「世界中が平和になりますように」などと聞かされると、ちょっと引いてしまいます。でも「だれの子どもも殺させない」という訴えならば、人間としての思いが伝わってきて共感できるのです。

結局、護憲派も改憲派も広範な人たちによって支えられている。敢えてぶしつけな表現を使えば、あらゆる集団は玉石混淆なのです。説明不足の表現や舌足らずなアピールなど、いちいち反発する必要もありません。路傍の石として私も発言を続けている次第です。

相手を批判する場合には、一番弱く醜い点を叩くのではなく、できれば最も良質な主張を批判していきたいもの。これが至難のことですが、批判に値しないものは無視すれば良いのです。以上を意識すれば、護憲派と改憲派の対話が深まっていくかもしれません。単なるおしゃべりには終わりません。日本をとりまく軍事的脅威が存在する中で、いかなる方途で平和と安全を守っていくかを真剣に探りたい。その力を市民が培うことが重要です。

同時にこのテーマは、憲法を守っていく力を日本社会のどこに見出すのかという点と関わります。憲法が社会に息づいていくためには何が必要なのか。憲法に賛同する人たちがもっと増えることが必要だと、私もかつては思ってきました。

だがより大切なことは、憲法が真摯に議論される空間ではないでしょうか。護憲派の中での議論も有意義です。同時に立場の違いを超えて討論を続けることが貴重ではないでしょうか。

護憲という結論を出すことを押しつけない。それが肝要です。真摯に話し合えて心が響きあう友が見つかるかもしれない。その人は護憲派かもしれないし、中間派かもしれない。マイルドな改憲派かもしれません。

立憲主義と民主主義が共鳴しあう

本書の冒頭で立憲主義への受けとめについて言及してみました。私が立憲主義について改めて強く意識したのはこの数年にすぎません。初心者としての模索を続けています。

本章では生身の人間に光を当てる意義を考えてみました。護憲派と改憲派の議論を深めていくならば、人間を見る眼も変わってくると思います。このような前提をふまえれば、立憲主義も理解しやすくなると思います。一人ひとりが憲法を受けとめていくという視点を重視すれば、立憲主義の発展史として憲法をとらえるだけで良いのだろうか。民主主義との共鳴関係についても重要だという思いが強まっていきます。

もちろん立憲主義と民主主義とは微妙な間柄で、時には激しい緊張関係を生じます。民主主義はポピュリズムという形態も含めて、暴走することがありうる。多数の意思で、立憲主義という制御装置を壊してしまう。憲法を悪い方向で変えてしまう危険性を持っています。

また立憲主義への信頼は重要でも、即効性を期待できるわけではない。今困っている人たち、助けたい命に対して、行政の敏速な対応が求められます。立憲主義が機能するだけで、人びとが幸福になるわけではありません。ただ両者を息づかせようという努力が存在することで、立憲主義と民主主義は花開いていく。永遠にその過程を求め続けていくという問題意識です。

政治学者の丸山眞男氏は「永久革命としての民主主義」との主張をしています。きわめて有名な民主主義論ですね。この観点が、憲法を見つめるときにも有益だと思います。もちろんこれに安住してはいけない。現実が問い続ける問題に機敏に対応することが肝要です。

立憲主義も民主主義も、主体的な市民が関わり続ければ一歩ずつ前進するのでしょう。憲法の解釈や学問的考察は憲法研究者の専門ですが、憲法的な価値を実現することは市民が参画できます。立憲主義を民主主義の後押しで支えることが、市民と憲法との関係を緊密にしていくでしょう。人びとの知恵と努力が求められています。

九条への旅は人間と出会う旅

九条との出会いは人間と出会う旅であり、民主主義を担う道でもあります。憲法九条は憲法学、法律の話であると同時に人間とどう向き合えるかというテーマなのです。多くの人たちの経験を知っていく。歴史の中で数多くの人たちが継承しようとしてきたテーマについて、自分はどう向き合うかを考えてみる。

一人ひとりから学ぶことを大切にするならば、世界が広がります。忙しい中では、人との出会いもやり過ごすという対応が多いのですが、できればじっくりと構えたい。

九条について発言してきた論者から、以下の人を思い出すこともできます。この人たちの名前を当ててみてください。正解はあとがき（二〇四頁）に。

Aさんは東京大空襲の惨禍を生き残いた作家です。友人たちから「反動」と称されながら、昭和史の研究にも打ちこんできました。戦争の実像を知ろうとしない人たちが九条の改正を企ていることを憂えています。憲法を百年生き続けさせることを夢見ています。

Bさんは高校時代に弓道部で活躍。現在は憲法の伝道師として講演を続ける長身の弁護士。憲法にすべての理想を託そうという人には、国民の意思こそ現実を動かす。憲法の条文に過大な期待をかけすぎないように語っています。13条の個人の尊重を憲法の要と考えています。

Cさんは女性弁護士ですが、土日祭日は落語家「八法亭みややっこ」として知られています。高校時代の落研のキャリアを活かして、安倍政権に憲法噺で対抗。落語はもちろん茶道や書道も長年究めてきた一人として、安倍氏に愛国心など強要されたくないと発言しています。

Dさんは十歳で沖縄戦に出会っています。後に高校教師から村長に就任。基地被害が頻発する中で米軍と対峙してきました。米軍基地の中に敢えて町役場を作ることを実現。果敢な挑戦を支えたのは職員と住民たちでした。その後、国政でも活躍して現在も憲法を語っています。

以上は著名な方ですが、九条を守りたいという多士済々の顔ぶれは全国に存在しています。有名、無名の如何を問わずして、その声に耳を傾けてみることも必要ではないでしょうか。

ドラエモンのポケットではありませんが、続々と引っ張り出されてくる人たち。憲法の山脈は人間によって支えられています。人間との出会いで憲法を学ぶのは、市民がとりくみやすい問題意識ではないでしょうか。ただ人間への関心だけにのめり込んで、憲法への理解がおろそかでは本末転倒。人間への旺盛な関心を持った上で憲法を読み直したいものです。

久しぶりに憲法を読んでみましょう……、なに、老眼が進んで読めなくなってしまった?!
時には眼科のチェックも必要ですね。

中谷先生、引き続き「あいうえお」でお願いします

テレビの討論番組で、「誰が日本を守っているのだ。自衛隊ではないか」と興奮気味に発言していたのは、自民党の中谷元・衆院議員でした。防衛大卒の自衛隊出身者で、憲法審査会のメンバーです。実直な印象の政治家。同年齢でもあるので親近感を持ってきました。

中谷議員は二〇二〇年に向けて複雑な立場に立っています。小政党も尊重して丁寧に議論するのが憲法審査会の美風であることを熟知している。自衛隊の海外派兵が無制限に進めば、隊員とその家族への重圧も承知している。もちろん氏も本来は九条二項の改正を企図する立場ではあるのでしょう。安倍首相の唐突な改憲構想について、内心は複雑でしょう。

六月三日に、森友・加計学園問題に引きつけて、あせらず、いばらず、うかれず、えこひいきせず、おごらずという「あいうえお」で安倍首相に苦言を呈したことは、氏の見識を示しました。都議選直後には自民党惨敗の要因を問われて、「THIS is 大打撃」という見事なコピーを披露。市民の顰蹙を買った豊田（真由子）、萩生田、稲田、下村各氏の頭文字が、THISであることは言うまでもありません。その後の「かきくけこ」も秀逸でした。安倍氏が「こんな人たちに私たちは負けるわけにはいかない」と演説して批判を集めた直後に、人の意

見を聞く耳を持つことが政治家にとって大事だという文脈で忠告しています。「かきくけこ」とは「家内の言うこと」「厳しい意見」「苦情」「見解の異なる人」「こんな人たち」です。これらの意見に耳を傾けているのであれば天晴れ。見事な風刺だと思いました。

これは安倍氏への苦言であるだけでなく、護憲派市民にも示唆を与えてくれる金言です。護憲派が立場の異なる人たちとも心を通い合わせていけば、さらに運動は広がります。国民投票でも勝利への展望を切り開けるのではないでしょうか。

さてテレビでの中谷議員の発言に戻ります。「誰が日本を守っているのだ。自衛隊ではないか」という発言は、頭から全否定しません。自衛隊も海上保安庁など警察力も役割を担っています。ただそれゆえに九条三項が必要だという議論は、もう一工夫ほしいところでした。

この点は、中谷議員からも安倍首相に求めてほしい点です。さらに「あいうえお」の戒めは、憲法改正問題にも当てはまっていると直言してほしい。ただ「あいうえお」で改正を実現してほしいのではありません。あせって、いばって、自滅していただくのが何よりだと考えます。

中谷議員には自衛官の命を守るために、真摯な努力を続けていただくことを願っています。

さて中谷氏からも批判されそうですが、護憲派の九条像そのものが分岐していますね。憲法九条が今も美しく意義深い存在だと確信する人も多くおり、自衛隊と日米軍事同盟、さらに安保法制によって九条が全面的に侵害されている側面を強調する人もいます。

その立場によって、憲法九条の現在をどう表現するかも違ってきます。惨状や壊滅や瓦解という言葉は使いませんが、語呂合わせを含めて、九条の窮状と私は表現しています。

憲法施行七〇年の間には、一九五一年のサンフランシスコ体制の形成、日米安保条約の制定という決定的な節目がありました。自衛隊の創設も一九五四年です。現在では当時とは比較にならないほど自衛隊は巨大になり、日米同盟は軍事同盟として強化されています。

井上達夫氏らが主張するように、政府の憲法解釈が憲法を台無しにしてきた。護憲派にも重大な責任があるという議論についても、引き続きその当否を考えていかねばなりません。

しかし現時点では、戦後レジームの内包した矛盾は、何よりも安保体制の重圧が憲法を損なってきたと見るのが、問題の本質だと考えます。日米同盟が憲法と一体となっている点に着目して憲法・安保体制と規定する論者もいます。それでも九条が生きているからこそ、多国籍軍に無条件に参加することへの歯止めにはなっている。その点を否定することはできません。

九条が傷ついてきたから、チェンジが必要だという議論が妥当なのか。三項などで自衛隊を明記することはメリットになるのでしょうか。すでに立憲主義を蹂躙して、安保法制を生み出してしまった政府です。戦後一度たりともアメリカの戦争を批判も拒否もできなかった日本政府です。その下での改憲構想なのです。

九条を痛めつけてきた現実と環境を、より良く変えていく努力こそ求められています。権威や栄光ある存在に群れたがる人が多いのはこの世の定め。古びてしまったものが捨て去られるのは珍しくありません。しかし一方では、傷ついている存在にとことん向き合ってその言葉を聞き取ってきた人たちも存在しています。

その人たちの努力に学んでいきたい。傷ついている九条を見捨てないという思いを持ち続けたいと思います。九条が傷ついている現場へ、人びとが苦慮している状況へと、もう一度足を運んでいきたいと考えています。

「心さわぐ」という問題意識で憲法九条を見つめる旅が残り少なくなってきました。一つの歌との再会から、難行苦行の旅を始めてしまいましたが、結果として自分自身も憲法を守ろうという人びとの多様な姿をより深く自覚できたと思っています。

「心さわぐ青春の歌」について学生時代の友人に話してみました。

「あ、あの歌ね」

という、あっけない一言。その友人も自らも学生時代から一〇キロも増えていることを自覚しています。現在の体型は容認できないので、まあ歌だけを思い出したい。

青春期の自分に再会することで、当時若々しかったことは想起することができます。不安を感じながら一歩踏み出していこうという心身の躍動。その思いさえ百パーセント取りもどせるならば。それが可能なサプリメントは、存在しているのでしょうか。存在していません。

ロシア民謡とは違って、誰でも知っている曲についてロマン・ロランは書いています。

「『第九交響曲』は合流点である。はるかな遠くからの流れ、そしてまったく違った他方からの流れの大きな合流点なのである。あらゆる時代の人間の、さまざまな夢想や意欲が、ここへ奔流をなして流れこんでいるのである」(『第九交響曲』みすず書房)

第九交響曲を憲法九条と置き換えてみても、立派に意味が通じます。一人ひとりのつぶやきを無視せずに、憲法をとらえ直すことで思いがけないエネルギーが育まれていきます。

エピローグ　私たちは安倍政権と訣別できるか

安倍政権批判は的を射ていたか

総選挙で連立与党が三分の二に達しても、国民の大多数が九条改憲を支持するわけではありません。悲観するには及びません。九条も支持しつつ、自公政権を支持している人も多いのです。安倍内閣を再考したいという誘惑にかられます。

安倍内閣に憂慮を持つ市民と、隔絶した思いを持つわけではありません。二年前には安保法制を強行的に「可決」して立憲主義を蹂躙、その後も「共謀罪」や森友・加計学園問題など傲《ごう》岸不遜《がんふそん》の政治姿勢に対して批判が高まったことは当然です。しかし憲法と民主主義を壊してきたこの政権の「強さ」の秘訣を探らなければ、九条改憲を阻む道を見出すこともできません。それはこの間の安倍政権批判を再検討する作業と不可分です。

当初は高支持率の下で、野党・メディア・知識人・市民からの批判が影響力を持ち得ない局面が続きました。最高学府の法学部を卒業したのに芦部憲法も知らない不勉強者だとか、国会答弁で云々を「でんでん」と間違って読んだとか、知的な層には顰蹙《ひんしゅく》と笑いを買いかねない言動は多々ありましたが、全社会的には共有されにくい話題です。人格形成に関わって、超エリートである祖父と父への強いコンプレックスも指摘されましたが、肉親へのコンプレックスは月並みなことで格別に斬新な批評ではありませんでした。

いずれも床屋政談としてはそれなりに面白い。権力者の不適切な発言や知性・教養の欠如を指摘することも必要です。ただ政権支持率の高さについては、政権の「光」を正視する努力が要請されていました。政権をきびしく批判する人たちの眼力も試されていたのです。

メディアの堕落が政権を支えているという見方も理解できます。各社に安倍氏に従順な一群が存在して、時に宴席を共にしています。ただ、一方ではワイドショーで鋭いコメントを発する玉川徹氏（テレビ朝日）や、官房長官の記者会見で奮戦する望月衣塑子記者（東京新聞）など著名な存在も含めて多くのジャーナリストの努力が注目されます。報道の自由度＝世界七二位（二〇一七年）で日本のジャーナリズムへの規制や圧力は強まっていますが、ジャーナリスト全体が堕落しているわけではありません。

安倍政権の五年から何を学ぶのか。憲法を踏みにじるこの政権がなぜ続いてきたのか。その解明は次期政権への展望としても意義を持つでしょう。以下は、従来の安倍政権批判とは異なる視点で、逆サイドから光を当てようという試みです。

なぜ高支持率は続いたのか

第二次安倍内閣以後の五年について、以下の六点がまず重要であったと考えています。

第一に民主党政権への国民的な期待が巨大な失望へと転じた後に、満を持して登場した政権でした。民主党政権は政権につく準備が不足していたなかで、リーマンショック、三・一一という巨大な衝撃と災厄への対応も十分でなく、市民の期待に応えられませんでした。短期間での首相交代劇が続くことへの不満も鬱積《うっせき》していた中で、民主党政権の不幸と失敗の後に登場した本格政権として当初から追い風を受けていました。

第二にアベノミクスです。大きな影を持っており、政策的にも矛盾を含んでいました。庶民の懐を暖められないという点でも礼賛などできません。しかし中央銀行主導の金融緩和と財政出動への志向は、世界で反緊縮を求める左派系の論者が主張してきた政策の前提です。松尾匡『この経済政策が民主主義を救う』(大月書店)がそれを解明しています。この政策の選択が政権を浮上させたことは否定できません。敢えて単純化すれば、安倍政権は左派の経済政策で存在感を発揮することで、民主党政権時より好転した経済指標が少なくありません。民主党政権時代は一ドル八〇円台、日経平均八〇〇〇円台という苦境にも立たされていました。

第三にたびたび暴走する政権ですが、中国や北朝鮮の政権と社会の矛盾ははるかに巨大です。両国の軍事的脅威に対して、日本社会での不安の高まりは無視できません。韓国でさえも前政権の支持率は四パーセントに激減し、新政権に交代しました。これら諸国との比較の上で、安倍政権を消極的であれ支持する層が多かったことになります。

第四に安倍氏は日本会議など右派勢力との長年の親密な関わりを持っています。だが右派のみに依拠して政権を運営することは不可能です。政権の牽引者は外務官僚OBを含めて、日米同盟を求める官僚と財界人。知識人も右派のみを重用したわけではない（渡辺治『現代史の中の安倍政権』かもがわ出版）。そのスタンスゆえに、戦後七〇年の首相談話と「慰安婦」問題をめぐる日韓政府合意も、当初危惧された右派史観むき出しの内容にはなりませんでした。市民を迷わせる線が意識的に追求されてきました。戦後レジーム論もやや抑えるようになりました。

第五に、民主党政権の失敗に学んでいるので官僚を絶対に敵に回さない。同時に内閣人事局を設置するなど、官邸主導でスピード感を持って政治と行政を仕切る姿勢を強めました。暴走政治は一面では批判されますが、橋下徹氏のような強さを装うリーダーが人気を得るのも世界的なポピュリズムの一現象です。安倍氏は橋下氏とは異なるタイプですが、スピード感を重視する時代に人気を維持する必然性がありました。立憲主義への敵視が露骨であっても。

第六に、野党への強い信頼感を有権者が持っていなかった。市民と野党の共闘で瞠目すべき成果も二〇一六年参院選で生み出しましたが、与党と野党の支持率には大きな落差が存在し続けてきた。民進党・前原代表が主導した希望の党への「合流」は、その困難を突破せずに最も安易な生き残りを企図したもので、安倍政権への絶好の追い風となりました。

これらの諸点が、憲法と立憲主義を尊重する人にとっては歴代最悪である安倍内閣をかくも長期間存続せしめてきた要因だと思われます。裏返していえば、広範な市民にとっての憲法や立憲主義に対する感度が「憲法よりメシだ」の時代と同じく今も問われ続けているのです。だが政権が強い基盤を持つわけではありません。政権支持率が下がり、苦境に立たされる時は来るでしょう。憲法と民主主義を尊重する市民と野党の共闘が期待を集める局面が到来します。安倍政権を包囲し、政権の支持者にも働きかけていく視点が求められます。

　さてほぼ同年代の安倍氏に人一倍関心を持ってきた私は、やぶにらみ安倍論と言われることを覚悟の上で以下のエピソードを紹介したいと思います。

安倍晋三氏、五歳の夏の記憶について

国会議員になった当初から安倍氏には関心を持ってきました。三世議員という七光りの存在でも、力量があれば評価するにやぶさかではありません。

　第一次政権の前に知って驚いたのは、父方の祖父の安倍寛《かん》氏です。一九四二年の翼賛選挙で敢えて大政翼賛会に入らずに非推薦で衆院議員に当選した反骨の人でした。軍部独裁に抵抗し続けた斎藤隆夫氏と相通じる軌跡で稀有な存在だと思います。

　父の安倍晋太郎氏も印象の悪くない政治家でした。戦中期もリベラルな志向を持ち続け、戦争への冷静な眼を持っていた。学問・文化に情熱を持つ学生として自己形成し、新聞記者になった人だと確認できます。

もう一人の祖父は岸信介氏。A級戦犯であり、六〇年安保時の首相であることは自明ですが、私には複雑な独自の思いがあります。祖父や父へのコンプレックスを重視する安倍論にかすかな違和感を持つのは、子ども時代から強烈に意識してきた人物だからです。出会いは小学校高学年の時で、家にあった報道写真集で二枚の写真に釘付けになりました。刺殺されようとしている浅沼稲次郎氏と、暴漢に襲われて大腿部から出血している岸氏です。

岸氏が襲撃されたのは、一九六〇年七月一四日。首相を退いた後で、池田勇人新首相が決まった直後の自民党総裁就任祝賀園遊会の席上です。当日に会の開催を知った男が会場に潜入してナイフで襲撃したとは、ゆるゆるの警備体制だったことがわかります。毎日新聞でその写真と記事を確認すると、六カ所を切られたが命に別状はなく全治一〇日程度という医師の診断が紹介されています。

臆病者にとっては太腿から出血して横たわっている姿が恐怖でした。同年一〇月に絶命した浅沼氏とともにテロの受難者としてインプットされてしまった。一枚の写真が子どもに与えた衝撃というエピソードです。

さて祖父の遭難は、二ヶ月後に六歳になる祖父思いの孫に伝えられたのでしょうか。安保反対の声が高まる中でのエピソードを安倍氏は回顧していますが、この事件についての言及は確認できません。一つの事実が人間への評価を根底で支え続けることがあります。この受難は祖父への敬愛追慕の念を後に高めさせたのではないか。仮にそうであったとしても人情としては理解できます。胸に秘めたいことは安倍氏にもあるでしょう。美談を創ることは許されませんが、氏の内心を浮き彫りにできればコンプレックス論も説得力を増すはず。その上で、公人として批判すれば良いのです（安倍氏と二人の祖父を描いた著作として、青木理『安倍三代』講談社、上丸洋一『『諸君！』『正論』の研究』岩波書店も参考になる）。

以上について、不審に思う読者が多いことでしょう。九条改憲と一体何の関係があるのかと。

九条改憲を阻止する姿勢と大いに関係するのです。たとえ最高権力者である首相に対してさえも批判と監視を踏まえた上で、人間的な関心を持ち続けていく。それこそがポイントです。その視点ですべての市民に対して豊かな共感力で接していけるならば、仮に国会での発議→国民投票という局面を迎えたとしても可能性を切り開いていけるのではないでしょうか。

九条改憲について賛否を決めていない広大な中間派の市民がいます。自民党、公明党、希望の党、維新の会の支持者たちも九条改憲賛成で結論を出したわけではありません。

最初から敵と味方という図式を作って固定観念を持つのではなく、多くの人が迷っている。人間は時には変わりうる。状況も動いていくという可能性を織り込んでいきたい。護憲派が市民を先導するという発想から脱皮して、護憲派自身が変わっていくことを模索したいものです。人びとの内面に響いていく話法も大切です。

戦後レジームを語れるのか

批判する者は批判される。憲法や戦後レジームにもそれが当てはまります。

安倍首相は「自衛隊を合憲化することが使命ではないか」と述べていますが、自衛隊を憲法に明記して何をめざすのか。世界の平和のために自衛隊が何を担うかは語っていません。

自衛隊を合憲化するといっても、政府解釈はそれと異なる認識です。社会科教科書にも違憲と断定されている訳ではない。両論が詳細に併記されています。首相の発言は事実認識として不正確でしょう。現在の教科書の記述になぜ確信が持てないのでしょうか。

戦後レジームとは憲法だけなのか。沖縄に犠牲を押し付けることこそが戦後レジームの歪みではないのか。独立国とはいえない日米地位協定を今後も放置するのか。今なお「積極的平和主義」という言葉を使い続ける意味も含めて、九条を変える前に戦後体制の何を変えるのかについて真摯に答えるべきでしょう。

ひるがえって護憲派の姿勢も試されています。北朝鮮危機よりも米軍機事故の方がより危険性が高いという指摘は正当ですが、安保体制に代わる道を見出すことも容易ではありません。さらにアメリカと北朝鮮の軍事衝突を恐れている市民の不安は巨大に膨れあがっています。恐怖に煽られるなと訴えつつ、安全保障の具体案をどこまで提示できるでしょうか。

九条を守ることだけが唯一のゴールでしょうか。安保条約や日米地位協定や沖縄へのまなざしも問われています。多くの現実がそれを突きつけるだけでなく、たとえば豊下楢彦氏の著作を通じて、昭和天皇が日米安保体制の形成に主体的に関わり、安保条約と憲法は分かちがたく結びつき、沖縄が犠牲にされていくという戦後史の構図が提示されています。『昭和天皇の戦後日本』などにも、安倍氏の戦後レジーム論には吉田ドクトリンと東京裁判史観からの脱却が位置づけられていることが指摘されています。これらの歴史像について学び、検証してみるだけでも、戦後日本についての深い視点が養われていきます。

一九三〇年代と現在を重ね合わせながら

本書の冒頭で「心さわぐ青春の歌」を紹介しました。ソ連という地で、数々の歌がどのように歌われてきたのかは気がかりです。一九三〇年代においては国内各所に矯正労働収容所が作られ、政府に批判的な言動をする者が収容所送りになりました。多くの人がとらわれたその収容所は戦後直後に日本の兵士たちがシベリアで抑留される原型になったことが今日では明らかです。とはいえ、一九三〇年代の人びとに何の自由もなかったとはいえない。ペチカを囲みながら、歌を口ずさむ自由はあったことでしょう。

同時代の日本はどうだったでしょう。中国への侵略戦争が進められ、治安維持法の下でわずかな嫌疑であっても多くの人たちが獄舎への道をよぎなくされました。ただ一九三〇年代の時点では、大多数の国民がたえず戦争に直面していたわけでなく、戦争末期とは様相が異なります。平和と安逸を享受できた庶民もいました。まだ農村中心の社会であっても、都市化は著しく進行して欧米諸国の文化も定着していました。軍国熱を受け入れていた庶民が極限まで戦争に動員されたのは一九四〇年代の数年間。一九三〇年代半ばの時点ならば、社会大衆党が伸張するような条件は存在しましたが、侵略戦争に組織的に抵抗する道は閉ざされていました。

どちらの国でも、親しき人と支えあい労働に追われるのが庶民の生活でした。だが時には心温かき民が密告の当事者になる事例も数多く存在していた。生活の重さで日常を飛び越えることができない民は、その時代の政治体制に馴致していく道を選ばざるをえないことも多かった。

一九三〇年代と現在がぴったり重なるという議論は、長らく提示されています。ファシズムの恐怖を伝える寓話として『茶色の朝』(フランク・パヴロフ物語、藤本一勇訳、ヴィンセント・ギャロ絵、大月書店)が有名です。最初は茶色以外のペット禁止から始まり、やがて朝起きると外の風景も茶色一色になっているという話です。しかし現在の日本は、三〇年代の再現を経て「茶色の朝」の時代へと変質したとまで言えるのでしょうか。

自由のために闘わなければ、歴史はくりかえされる。その重みはかみしめたいと考えます。ただ本当に怖いのは、真っ暗闇でも茶色一色でもなく、燦々と輝く陽の下での明るいファシズムかもしれない。タカ派の男性ではなく、麗しく馥郁《ふくいく》たる香りと美声を持つ女性リーダーがその担い手になりうる。聴衆を魅了する若手政治家こそ怖いのかもしれない。衣裳は緑とは限らないので用心したいものです。

まだやれることは大いに残されている。九条を守ろうという人たちは、この時代にどんな歌を生み出すでしょうか。「心さわぐ青春の歌」に光が当たることは考えにくいとしても。

市民の力量も問われている

臨時国会の冒頭解散による総選挙を首相が「国難突破」選挙だと規定したことに対して、同時多発的に「安倍首相こそが国難である」との声が全国から沸き起こりました。当然の反応です。ただ求められているのは反発だけでなく、もう一つの視点だと考えます。

安倍政権の批判は急務です。ただそれだけが唯一の目標ではない。市民自らが試されており、対話力と対抗構想が求められているという視点を持ち続けたいと思います。

北朝鮮問題は一国の平和と安全を揺るがす大試練。圧力だけを重視する議論が歪んでいるとの批判は正当です。戦争阻止へと難関を突破させる市民のエネルギーも求められています。

自衛隊問題も同様です。九条への自衛隊明記を批判し続けると同時に、賛成派にも届いていく言葉と構想力を見つけたい。いかなる代案で自衛隊の未来を展望できるでしょうか。

森友・加計学園問題も市民が鋭く問われてきた主題です。実は当初から世間は首相を徹底的に批判できないかもしれないと危惧していました。名声と権威がどれほど有効であるかを庶民は強く実感しているからです。以下の位置づけでとらえてみることができます。

就職にはコネが有効である。著名人に頼れば、願いがかなえられる場合が多い。物事を決定する前に、権威ある人のお墨付きを得ておくのが無難。言うならば、その人たちへの尊敬と忖度《そんたく》と斟酌《しんしゃく》によって、事に備えることがあらゆる場での常道です。

そのルートで家族や友人のために一肌脱げば感謝される。芸能界でデビューしたわが子のために、時には顰蹙《ひんしゅく》も買いながら両親が売り込みに走るのは不思議ではありません。

安倍政権が漫画的なのは、誰よりも私心なく働くべき首相が、わが子を偏愛して売り込んでしまう親と同じように、あられもない姿をさらしてしまったことです。奔放な妻にも依拠しながら、支援者、親友に献身してきました。自ら指示はせずとも（果して本当か？）、総理大臣への忖度を見越した上で公平・公正であるべき行政が歪められることを認めてきた。財務省・内閣府・文科省は行政の私物化に手を貸し、資料も秘匿し続けて世論の批判を浴びました。

庶民がわが子や友人に献身することと違って、首相の対応は許されません。友への配慮ではなく権力の私物化。総理大臣が腹心の友のために巨大な利益誘導を行うことが、忖度と斟酌をベースにして成立していることこそ徹底的に批判されるべき論点でした。

世論も次第に怒りを強めてきたとはいえ、真相究明を拒む政府の姿勢もあって、政権を退陣させるまでの批判には到達していません。もちろん責められるべきは安倍政権の姿勢です。その上で、忖度を許容するという一点において、権力と庶民が戯れあうような関係は皆無だったのか。安倍政権とは人びとの身の丈に合っているのではないかという仮説も、頭をよぎります。首相がもし我々の影のような存在だとしたら……。いや、だからこそこの政権を乗りこえなければならないのでしょう。

ＮＨＫの人気番組「鶴瓶の家族に乾杯」を連想します。笑福亭鶴瓶さんが突然訪ねてくると、町の人たちは親愛の情を示して集ってくる。この場所を訪ねたら良い。この人に会わせてあげましょうとすぐに電話してあげる。鶴瓶さんとひとときを共有する喜びがあふれています。

いつの時代でも庶民が人気者を見たい。支えたいと願うことは否定できません。だが総理大臣への忖度と斟酌が、野放図に許される社会はありえない。権力は制御されるべきです。

森友学園、加計学園問題は狭義の憲法問題ではないが、権力を抑制できるか否かという点では立憲主義とも一脈通じています。権力者の放縦、公私混同、行政の私物化と暴走をチェックする力を市民は育んでいけるのか。今こそ自らの影から抜け出していきたいものです。

心優しくて善意にあふれた庶民の前に、いま九条改憲が投げかけられています。権威や権力に恭順になりがちで見た目の良さにすぐ引きずられ、時にはメディアに煽られるという危険性は誰でも持っています。多くの人たちと九条改憲の危険性を語り合っていけるのか。自らがこの社会の一員である護憲派としての正念場が続きます。安倍レジームを乗り越えることは、喉に刺さった小骨を自覚して、自らの影と闘っていく過程なのかもしれません。

しかし、みだりに悲観してはいけません。九条は鶴瓶さんに負けないほどの知名度を持っています。二度と戦争によって多くの民が殺されてほしくないという思いが渦巻いていた時代に、この列島で成長してきた人たちが、ぶ厚い層として健在です。九条を生き続けさせたい。一人の自衛隊員も殺させないという思いが簡単に拒否されるでしょうか。

もし安倍政権が終焉を迎えれば、憲法改正問題の情勢は変わります。ただ改憲への胎動は形を変えて続いていく。石破茂氏は国防軍をめざしている。小池百合子氏は右派勢力とも親和的な改憲派です。二〇二〇年施行にはこだわらないという点などで、安倍氏とは異質であるにすぎません。さらに改憲が喫緊の課題でなくなるにしても、平和主義への模索は強く求められています。護憲派はその点でも重い使命を持ち続けます。

野間宏『暗い絵』の珠玉の一節

野間宏『暗い絵』（『暗い絵・顔の中の赤い月』として講談社文芸文庫）は敗戦直後に刊行された氏の代表作で戦後文学の名作としても有名です。私にとって身近な作品であるのは、母の実家の出版社・大同書院が一九三〇年代半ばのごく短期間発売元になった雑誌『学生評論』に執筆者や編集同人として関わった人たちもモデルになっている小説だからです。

京都帝国大学の学生たちが編集したこの雑誌は、軍国主義が人びとの自由を圧殺する時代背景の下でささやかな抵抗の砦でした。ファシズムとの闘いの先頭に立つべき政党は弾圧で組織が瓦解していた時代。戦時下抵抗の雑誌として著名な『世界文化』『土曜日』のいわば弟分ともいうべき雑誌でした。

その編集同人の一人である布施杜生《もりお》は弁護士布施辰治氏の子息で、この雑誌に関わった数年後に治安維持法違反で囚われ、山科刑務所で獄死しました。詩集が一冊遺されていますが、この若者に戦後を生きてほしかったと思います。

野間宏氏が同窓の若者たちの足跡をたどり、ブリューゲルの絵の奥深いイメージから始まるこの一作を完成させました。時評的ではない、骨太の作品世界が構築されています。時代閉塞に抗った若者たちの精神の内奥が描かれています。

主人公深見進介の次の独自が象徴的です。

〈やはり、仕方のない正しさではない。仕方のない正しさをもう一度真直ぐに、しゃんと直さなければならない。それが俺の役割だ。そしてこれは誰かがやらなければならないのだ〉

日本国憲法はもとより戦後レジームとは何であったのかが、改めて問われています。安保条約、沖縄、自衛隊、天皇制。多くの人が精神的にも肉体的にも対峙してきた重量級の主題がこの社会の根幹に埋め込まれています。立憲主義という普遍的存在を忘れてはいけません。さらに国境を超えて平和が問われ続けていく点も。

昔の歌を思い出せば良いものではない。古い上着に別れを告げるべき時もある。それはもちろん自覚しています。時には健忘症になることを願いながら、在りし日の歌を思い出します。「仕方のない正しさ」とは何なのか。「もう一度真直ぐに」すべきものとは何か。安倍首相の改憲構想に向きあいながら、それを考え続けていきたいものです。

《九条を変えない。変えさせない。その上で平和主義の豊かな発展を模索し続けたい。自衛隊の明記に反対する。災害救助や専守防衛に貢献する自衛隊ではなく、海外で戦争する自衛隊を認めさせようとしているから。自衛隊員を戦場で殺してはならない。ただ自衛隊や海上保安庁などで日本の防衛に真摯に向き合う人びとの努力を学び、胸に刻むことに何らためらいはない。》

今から数十年後に、東京オリンピックに向けて当初は驚異的な支持率を誇っていた宰相の悲願、九条改憲という企ては実現しなかったことが、史書には刻まれていることでしょう。広範な市民が共同して、思想・心情の違いを超えてその闘いに貢献したことも記されているはずです。ただ魅力的な映像は、なぜかほとんど存在していない。

それゆえに、その時代の若き俊英の学徒が二〇二〇年に至るかつての攻防を担った有名・無名の人びとの軌跡を探索して、その子や孫や若き友人にも取材して歴史の襞を明らかにしてくれることでしょう。

二〇二〇年に向けての天下分け目の年、二〇一八年が幕を開けようとしています。

あとがき

四〇年前の一九七七年九月二七日は、十代の残り少ない一日だった。高校の後輩の女性と待ち合わせていた。私が学ぶ大学を見てみたいというキャンパス訪問で、案内役への関心は皆無である。ただ清楚で聡明な女性からの依頼に、心浮き立つ思いはあった。

だが数時間後に駅まで見送った時に、衝撃的な事件の発生を知った。横浜の住宅地に米軍機ファントムが墜落したという事件の一報が夕刊で報じられていた。帰宅後にテレビで確認したが、日米安保条約に拒否感を持っていた一人として、耐えがたかった（被害者の中で、二名の幼児が翌日に死亡。その母も約四年半の闘病後に逝去。その他六名の市民が負傷）。この日の午後の出会いから夕刻に知った事件へ、まさに舞台は暗転した。憲法を意識した一日でもある。

正直に言えば、当時は日本国憲法に至上の価値を見出していたわけではない。戦前社会への否定と、憲法を蹂躙しようとするものへの批判によって現憲法を見つめていた。戦前の天皇制のみならず、象徴天皇制をも讃えることはできない。九条と相反する存在として、安保条約や自衛隊を見ていた。近現代史を学ぶ者として、当たり前の視点であったように思う。この秋の一日を経て、日米安保体制への怒りを強めて二〇代は始まることになった。

本書では一人ひとりの人生経験を無視せず憲法を見つめていくことを重視した。同時に護憲派が自らの難問に誠実に向きあうことに敢えて挑戦してみた。護憲派とは分岐して存在している。憲法認識には盲点もある。多くの現場で平和主義は侵害されている。多くの論者から九条は問い直されている。敢えてこれらの問題提起を受けとめた上で、九条をみつめる視点を豊かにしていきたい。それが本書執筆の動機だった。

これらの主題の素人として、識者の仕事に学ぶことが不可欠だった。憲法学研究者のみならず、国際法、日本現代史、政治学などの学問諸分野、ジャーナリズムの膨大な蓄積、市民運動の場で提起されてきたことから長年多くを学んできた。それらの方々の存在なくして本書は存在し得ない。先人たちの仕事とその苦闘に頭を垂れるのみである。

編集者としての出会いにも支えられていた。岩波書店在職中に奥平康弘、古関彰一、豊下楢彦、水島朝穂、渡辺治各氏の著書を複数冊担当させていただき、その前も後も主著を読破してきたことは自らの問題意識を育む上での何よりの財産だった。深く謝意を述べたい。他にも多くの方との出会いに恵まれた。面識はなかろうと多くの方々から学ぶことが当然である。非専門家である筆者が試みた思考のレッスンが、読者によって乗りこえられることを願っている。

（ちなみに一八〇頁のクイズの正答はA半藤一利B伊藤真C飯田美弥子D山内徳信の各氏）

執筆の過程で伏流水として意識したのは、長らく統一戦線とも呼ばれてきた幅広い共同を尊重する市民運動への模索だった。面識はない三人の方に若き日から影響を受けてきた。

評論家・中野好夫氏の傑出した存在感は知られている。八〇年代前半の反核運動の場で容貌魁偉《かいい》な姿と個性的な声に出会えた。ただ中野利子『父　中野好夫のこと』（岩波書店）を一読すれば、巨大な彫像の小指を見つめていた程度の遭遇だと自覚している。一九八四年の原水爆禁止運動で統一世界大会の開催が難航していた時、緊張感あふれる表情での大会開催への見通しが出てきたという趣旨の発言を公的な場で聞き取った記憶は鮮やかである。その七ヶ月後に氏の逝去を知った。

社会学者・日高六郎氏の編著書を通じて大学生活の前半に近代主義や六〇年安保という主題を学んでいた。同時に原水禁運動やベトナム反戦運動での共同に貢献した一人として敬意を持った。社会運動に参加しようという若い世代に、自らが支持する潮流の過去の歴史も真摯に学ぶべきという助言をした一文が心に残っている。

作家・廣津和郎氏の『松川裁判』（上中下巻、中公文庫）に出会った頃に、この労作だけでは満たされない思いを感じていた。二十歳の前後に、当時は港区麻布三ノ橋近くにあった大原社会問題研究所に何度も通った。戦後最大の冤罪事件、謀略事件でもある松川事件の被告を救うために、広範な市民が思想・信条の違いを超えていかに貢献したかを知るためであった。無実を確信する者も、せめて公正裁判を求める者も共同し得た松川運動。罪なき人たちを殺してはいけないという切実さが根底には存在していた。

三氏の軌跡が憲法とも深き縁を持つことは言うまでもない。そして幼い時に身近で共同戦線的な市民運動が息づいていたことを記憶している。

一九六〇年代の小学生時代、亡父は長らくPTA会長を務めていた。革新市政の構想で市道建設のために小学校の自慢のケヤキの木が伐採され、二段校庭が一段にされてしまう計画が示されたことに対して、穏和な校長先生がまず反対を表明。PTAが総力を挙げて反対運動に乗り出した。市議会の全会派を動かす運動に発展して計画をストップできた。父はそのリーダー格であった。反対運動を担った顔ぶれの中で左派的な人は少数だったはず。PTAでは憲法と戦後教育を学ぶ場もあった。

いま微苦笑を禁じ得ないことは、幅広い共同の運動を担ってきた会長は家庭では専制君主で時に暴君とも化した。それゆえに、その表情が悲しみにあふれていた一日を生々しく思い出す。廣津和郎氏が逝去した一九六八年九月二一日。毎日新聞夕刊には廣津氏を悼む父の談話が掲載された。父・大塚一男は松川事件主任弁護人として、廣津氏のみならず被告と家族、広範な弁護団、救援活動家と苦楽をともにした。その歳月を生涯心の支えにしていた。

この家庭は、人権の大切さを教科書よりも切実に体感できる場。「子どもの権利条約」を成人してから一読し、まさにユートピアなので噴き出してしまった。イェーリング『権利のための闘争』（岩波文庫）には心が震えた。時には痛覚をともない、人権の尊さを噛みしめて幼き日から歩んできたといえよう。

かような思いを抱いてきた人は、星の数ほど存在している。生い立ちの運・不運や家庭内での重圧は受忍を求められる領域。配偶者が一片の優しさを持たないという嘆きは、時代を越えて存在してきた。溺愛型の親子間であっても激しい軋轢は存在する。かくも家族はむずかしく、その内側での葛藤について憲法は役立ってくれない。人間の尊厳の拠り所としての輝きが存在しているにしても。

だがその痛覚がより社会的歴史的に刻印された抑圧や差別であるならば、問題の位置づけは異なってくる。日本国憲法の下での多くの苦難。本文中で沖縄などの現実には言及した。

本書を執筆しながら、前著『原爆にも部落差別にも負けなかった人びと』（かもがわ出版）で描いた広島の人びとのことが頭を離れなかった。憲法の理想が踏みにじられている現実を変えよう。生い立ちや居住地を白眼視する差別に負けずに、より良い町を創ろうと思想・信条を超えて立ち上がった人たちである。長年の苦闘は憲法を守るための運動ではなく、立憲主義の真髄を理解していた人は少ない。だが国や自治体に憲法と人権の尊重を求めるなど、憲法の精神を活かす「不断の努力」も続けられていた。

もし三年間、二五回も自費でその町を訪ねて六〇数人の人たちからの聞き取りを経た前著を書かなければ、本書を短期間で執筆できなかっただろう。この広島市福島町を中心にした地域の人たちを想起し続けることが、本書のもう一つの伏流水であり、自らの支えである。このように被抑圧者の権利と尊厳を公権力に尊重させることは、人びとの長き苛酷な闘いを必要としていた。その奮闘も日本国憲法物語の片隅に刻み込まれている。

幼き日に出会ったベトナム反戦運動から、半世紀が流れようとしている。還暦を迎えて長らく自慢だった記憶力もやや怪しい。四〇年前に「心さわぐ青春の歌」を女子学生に囲まれて歌ったと書くと（男だけだったので）歴史の偽造であり、後に妖艶な女性とその歌声喫茶を訪れたと記したいが、もてない男にはありえないことだった。だが懐かしい歌との再会で、本書を構成できたことは幸運だった。九条のむずかしさを実感しつつ夢中で執筆した。

宮前九条の会事務局長・若原弘道氏から講演を依頼され、氏が合唱の専門家でロシア民謡も好きだと知ったことが、一つの歌を思い起こす契機になった。若原氏に感謝したいと思う。

また困難な出版事情の中で、本書の刊行を受け入れてくださった花伝社・平田勝社長の決断にも深く恩義を感じている。権威主義と無縁な同社の出版活動に長らく敬意を感じてきた者として嬉しい。

日本国憲法と必死に向きあって人生を歩んだ多くの先達。憲法を活かそう。九条を壊すなと、この列島の津津浦浦で奮闘する人たちに心からの感謝と連帯の気持ちを届けたい。いくつもの歌声が響き合う中で。

二〇一七年一一月三日

大塚茂樹

主な参照文献

プロローグ

樋口陽一『いま『憲法改正』をどう考えるか――「戦後日本」を「保守」することの意味』岩波書店、二〇一三年

長谷部恭男『憲法とは何か』岩波新書、二〇〇六年

青井未帆『憲法と政治』岩波新書、二〇一六年

梓澤和幸『改憲　どう考える緊急事態条項・九条自衛隊明記――ありふれた日常と共存する独裁と戦争』同時代社、二〇一七年

清水雅彦『憲法を変えて「戦争のボタン」を押しますか?――「自民党憲法改正草案」の問題点』高文研、二〇一三年

『安倍9条改憲は戦争への道』九条の会ブックレット、二〇一七年

伊藤哲夫・岡田邦宏・小坂実『これがわれらの憲法改正提案だ――護憲派よ、それでも憲法改正に反対か?』日本政策研究センター、二〇一七年

山内敏弘「『安倍九条改憲』論の批判的検討」『法と民主主義』二〇一七年八・九月号

第一章

内山奈月・南野森『憲法主義――条文には書かれていない本質』PHP研究所、二〇一四年

自民党の憲法改正草案を爆発的に広める有志連合『あたらしい憲法草案のはなし』太郎次郎社エディタス、二〇一六年

高見勝利編『あたらしい憲法のはなし　他二篇』岩波現代文庫、二〇一三年
佐藤功『憲法と君たち』時事通信社、二〇一六年
伊藤真『憲法問題――なぜいま改憲なのか』ＰＨＰ新書、二〇一三年
水島朝穂『はじめての憲法教室――立憲主義の基本から考える』集英社新書、二〇一三年
小倉貞男『ドキュメントヴェトナム戦争全史』岩波現代文庫、二〇〇五年
油井大三郎『ベトナム戦争に抗した人々』山川出版社、二〇一七年
『中野好夫集1　怒りの花束・頼もしきマキャベリスト』筑摩書房、一九八四年
バオ・ニン、井川一久訳『戦争の悲しみ』めるくまーる、一九九七年
アレン・ネルソン・國弘正雄『沖縄に基地はいらない――元海兵隊員が本当の戦争を語る』岩波ブックレット、一九九七年
安倍晋三『美しい国へ』文春新書、二〇〇六年

第二章
古関彰一『平和憲法の深層』ちくま新書、二〇一五年
古関彰一『日本国憲法の誕生　増補改訂版』岩波現代文庫、二〇一七年
原秀成『日本国憲法制定の系譜』全三巻、日本評論社、二〇〇四〜二〇〇六年
河上暁弘『日本国憲法第9条成立の思想的淵源の研究――「戦争非合法化」論と日本国憲法の平和主義』専修大学出版局、二〇〇六年
外岡秀俊『日本国憲法の価値――リベラリズムの系譜でみる』朝日新書、二〇一六年
塩田純『日本国憲法誕生――知られざる舞台裏』日本放送出版協会、二〇〇八年

芦部信喜（高橋和之補訂）『憲法　第六版』岩波書店、二〇一五年
河上暁弘「憲法9条の成立」(1)～(4)『自治総研』二〇一七年二～五月号
和田進「安保体制と改憲をめぐる攻防の歴史――戦争法に至る道」渡辺治・福祉国家構想研究会編『日米安保と戦争法に代わる選択肢――憲法を実現する平和の構想』大月書店、二〇一六年
武田清子『天皇観の相剋――1945年前後』岩波書店、一九七八年
和田春樹『「平和国家」の誕生――戦後日本の原点と変容』岩波書店、二〇一五年
品川正治『戦後歴程――平和憲法を持つ国の経済人として』岩波書店、二〇一三年
我部政明『日米関係のなかの沖縄』三一書房、一九九六年
明田川融『沖縄基地問題の歴史――非武の島、戦の島』みすず書房、二〇〇八年
古関彰一「沖縄にとっての日本国憲法」『法律時報』一九九六年一一月号
新崎盛暉『沖縄同時代史第五巻――「脱北入南」の思想を』凱風社、一九九三年
山内敏弘『平和憲法の理論』日本評論社、一九九二年
清水雅彦「憲法研究者の平和構想の展開と変貌」『日米安保と戦争法に代わる選択肢』所収
青山透子『日航123便墜落の新事実――目撃証言から真相に迫る』河出書房新社、二〇一七年
米田憲司『御巣鷹の謎を追う――日航123便事故20年』宝島社、二〇〇五年
阪田雅裕（聞き手・川口創）『「法の番人」内閣法制局の矜持――解釈改憲が許されない理由』大月書店、二〇一四年
杉山隆男『自衛隊が危ない』小学館101新書、二〇〇九年
渡辺治編著『憲法「改正」の争点――資料で読む改憲論の歴史』旬報社、二〇〇二年
高見勝利『憲法改正とは何だろうか』岩波新書、二〇一七年
熊岡路矢「私たちをいま現在『守っている』理念」『もしも憲法9条が変えられてしまったら』別冊世界、二〇〇四

年一〇月
水島朝穂『憲法「私」論――みんなが考える前にひとりひとりが考えよう』小学館、二〇〇六年

第三章
『平成28年版　日本の防衛――防衛白書』
田中伸尚『憲法九条の戦後史』岩波新書、二〇〇五年
半田滋『日本は戦争をするのか――集団的自衛権と自衛隊』岩波新書、二〇一四年
柳澤協二『自衛隊の転機――政治と軍事の矛盾を問う』ＮＨＫ出版新書、二〇一五年
永井靖二『司法と憲法９条――自衛隊違憲判決と安全保障』日本評論社、二〇一七年
新井章『体験的憲法裁判史』現代史出版会、一九七七年
内藤功（聞き手・中谷雄二・川口創）『憲法九条裁判闘争史――その意味をどう捉え、どう活かすか』かもがわ出版、二〇一二年
浦田一郎編『政府の憲法九条解釈――内閣法制局資料と解説』信山社出版、二〇一七年
照井資規「銃撃とＩＥＤで四肢が吹き飛ぶ　戦闘外傷からのサバイバル〝駆けつけ警護〟自衛隊は戦死者続出！」『軍事研究』二〇一六年八月号
谷山博史「南スーダンＰＫＯの本質と自衛隊新任務――連環する自然資源と紛争」『世界』二〇一六年一二月号
今井高樹「南スーダンでいま、何が起こっているのか」『婦人公論』二〇一七年四月一一日号
新城郁夫・鹿野政直『対談　沖縄を生きるということ』岩波書店、二〇一七年
阿部岳『ルポ沖縄国家の暴力――現場記者が見た「高江１６５日」の真実』朝日新聞出版、二〇一七年
川端俊一『沖縄・憲法の及ばぬ島で――記者たちは何をどう伝えたか』高文研、二〇一六年

沖縄県憲法普及協議会編『二一世紀版　わたしの憲法手帳』二〇〇六年
中野利子「忘れられた足跡　漢那憲和のこと」『世界』二〇〇五年一月号
新外交イニシアティブ『辺野古問題をどう解決するか――新基地をつくらせないための提言』岩波書店、二〇一七年
ケネス・キノネス著、伊豆見元監修、山岡邦彦・山口瑞彦訳『北朝鮮――米国務省担当官の交渉秘録』中央公論新社、二〇〇〇年
太田昌克『偽装の被爆国――核を捨てられない日本』岩波書店、二〇一七年

第四章

渡辺治編『憲法改正問題資料』全二巻、旬報社、二〇一五年
愛敬浩二『改憲問題』ちくま新書、二〇〇六年
渡辺治『日本国憲法「改正」史』日本評論社、一九八七年
井上達夫『憲法の涙――リベラルのことは嫌いでも、リベラリズムは嫌いにならないでください2』毎日新聞出版、二〇一六年
井上達夫「九条問題再説」『法の理論33』成文堂、二〇一五年。『法の理論34』（二〇一六年）に愛敬浩二「政治問題としての憲法九条・再説」、井上達夫「政治的責任としての誠実性」。
水島朝穂『現代軍事法制の研究――脱軍事化への道程』日本評論社、一九九五年
加藤典洋『戦後入門』ちくま新書、二〇一五年
矢部宏治『日本はなぜ「基地」と「原発」を止められないのか』集英社インターナショナル、二〇一四年
松宮敏樹『こうして米軍基地は撤去された！――フィリピンの選択』新日本出版社、一九九六年
加藤博『ラバン――フィリピンの黄色い革命』大月書店、一九八六年

和田英夫・小林直樹・深瀬忠一・古川純編『平和憲法の創造的展開――総合的平和保障の憲法学的研究』学陽書房、一九八七年
水島朝穂編『シリーズ日本の安全保障3　立憲的ダイナミズム』岩波書店、二〇一四年
水島朝穂『ライブ講義　徹底分析！　集団的自衛権』岩波書店、二〇一五年
渡辺治・福祉国家構想研究会編『日米安保と戦争法に代わる選択肢』大月書店、二〇一六年
今井一『「解釈改憲＝大人の知恵」という欺瞞――九条国民投票で立憲主義をとりもどそう』現代人文社、二〇一五年
伊勢崎賢治『本当の戦争の話をしよう――世界の「対立」を仕切る』朝日出版社、二〇一五年
柳澤協二『検証　官邸のイラク戦争――元防衛官僚による批判と自省』岩波書店、二〇一三年
加藤朗『日本の安全保障』ちくま新書、二〇一六年
松竹伸幸『対米従属の謎――どうしたら自立できるか』平凡社新書、二〇一七年
古関彰一『安全保障とは何か――国家から人間へ』岩波書店、二〇一三年
豊下楢彦『集団的自衛権とは何か』岩波新書、二〇〇七年
最上敏樹『人道的介入――正義の武力行使はあるか』岩波新書、二〇〇一年
琉球新報社編『日米地位協定の考え方・増補版――外務省機密文書』高文研、二〇〇四年
前泊博盛編著『本当は憲法より大切な「日米地位協定入門」』創元社、二〇一三年
吉田敏浩『「日米合同委員会」の研究――謎の権力構造の正体に迫る』創元社、二〇一六年
藤森研『日本国憲法の旅』花伝社、二〇一一年

第五章

斎藤駿「ハトはハトでも伝書鳩――護憲運動の軌道修正」『世界』二〇〇四年一〇月号

水島朝穂『平和の憲法政策論』日本評論社、二〇一七年
斎藤貴男『ルポ改憲潮流』岩波新書、二〇〇六年
日高六郎編『1960年5月19日』岩波新書、一九六〇年
九条の会『第六回全国討論集会報告集』二〇一七年
高田健『2015年安保、総がかり行動』梨の木舎、二〇一七年
奥平康弘『憲法を生きる』日本評論社、二〇〇七年
ちくま新書編集部編『憲法サバイバル――「憲法・天皇・戦争」をめぐる四つの対談』ちくま新書、二〇一七年
高田健『2015年安保、総がかり行動』梨の木舎、二〇一七年
水島治郎『ポピュリズムとは何か――民主主義の敵か、改革の希望か』中公新書、二〇一六年
篠田英朗『ほんとうの憲法――戦後日本憲法学批判』ちくま新書、二〇一七年
豊秀一『国民投票――憲法を変える？ 変えない？』岩波ブックレット、二〇〇七年
斎藤駿「そろそろ、信念から戦略へ――説得力のつくり方」『軍縮問題資料』二〇〇六年五月号

第六章

奥平康弘『「憲法物語」を紡ぎ続けて』かもがわ出版、二〇一五年
奥平康弘『日本人の憲法感覚』筑摩書房、一九八五年
日高六郎『私の憲法体験』筑摩書房、二〇一〇年
杉山隆男『兵士に聞け』新潮社、一九九五年
泥憲和『安倍首相から「日本」を取り戻せ!!――護憲派・泥の軍事政治戦略』かもがわ出版、二〇一四年
小池清彦・竹岡勝美・箕輪登『我、自衛隊を愛す故に、憲法9条を守る――防衛省元幹部3人の志』かもがわ出版、

二〇〇七年
新倉裕史『横須賀、基地の町を歩きつづけて――小さな運動はリヤカーとともに』七つ森書館、二〇一六年
丸山眞男『現代政治の思想と行動』未來社、一九六四年
半藤一利『15歳の東京大空襲』ちくまプリマー新書、二〇一〇年
伊藤真『やっぱり九条が戦争を止めていた』毎日新聞社、二〇一四年
飯田美弥子『八法亭みややっこの憲法噺』花伝社、二〇一四年
山内徳信『民衆の闘い「巨象」を倒す――沖縄・読谷飛行場返還物語　弱者が勝つ戦略・戦術』創史社、二〇一三年

エピローグ

松尾匡『この経済政策が民主主義を救う――安倍政権に勝てる対案』大月書店、二〇一六年
柿崎明二『検証安倍イズム――胎動する新国家主義』岩波新書、二〇一五年
田崎史郎『安倍官邸の正体』講談社現代新書、二〇一四年
渡辺治『現代史の中の安倍政権――憲法・戦争法をめぐる攻防』かもがわ出版、二〇一六年
青木理『安倍三代』朝日新聞出版、二〇一七年
上丸洋一『「諸君！」「正論」の研究――保守言論はどう変容してきたか』岩波書店、二〇一一年
豊下楢彦『安保条約の成立――吉田外交と天皇外交』岩波新書、一九九六年
豊下楢彦『昭和天皇の戦後日本――〈憲法・安保体制〉にいたる道』岩波書店、二〇一五年
野間宏『暗い絵・顔の中の赤い月』講談社文芸文庫、一九八九年

大塚茂樹（おおつか・しげき）
ノンフィクション作家。1957 年東京生まれ。早稲田大学第一文学部卒業。専攻＝日本現代史。主な職歴は、岩波書店に 29 年間勤務し、岩波現代文庫、単行本、『世界』などの編集活動に従事。憲法関連書や戦後日本論に関する書物も担当。2014 年、定年の 4 年前に退職し現職。1976 年に原水爆禁止運動で被爆者に出会って以降、反核運動や被爆者支援活動に参加。後に被爆体験の意味を若い世代に問う著作を執筆。
主著に『原爆にも部落差別にも負けなかった人びと――広島・小さな町の戦後史』（かもがわ出版、第 22 回平和・協同ジャーナリスト基金賞・奨励賞受賞）『まどうてくれ――藤居平一・被爆者と生きる』（旬報社）『ある歓喜の歌――小松雄一郎・嵐の時代にベートーヴェンを求めて』（同時代社）など。

心さわぐ憲法９条――護憲派が問われている

2017年12月10日　初版第１刷発行
2018年４月10日　初版第２刷発行

著者 ―― 大塚茂樹
発行者 ― 平田　勝
発行 ―― 花伝社
発売 ―― 共栄書房
〒101-0065　東京都千代田区西神田2-5-11出版輸送ビル2F
電話　03-3263-3813
FAX　03-3239-8272
E-mail　info@kadensha.net
URL　http://www.kadensha.net
振替 ―― 00140-6-59661
装幀 ―― 佐々木正見
印刷・製本 ― 中央精版印刷株式会社

ISBN　978-4-7634-0836-5　C0036